TEMPLES

ANCIENS ET MODERNES.

PREMIÈRE PARTIE.

TEMPLES

ANCIENS ET MODERNES;

OU

OBSERVATIONS

HISTORIQUES ET CRITIQUES

Sur les plus célèbres Monumens d'Architecture Grecque et Gothique.

PAR M. L. M.

A LONDRES;

Et se trouve A PARIS,

Chez MUSIER, fils, Libraire.

1774.

A

M. GUYS,

NÉGOCIANT,

DE L'ACADÉMIE DE MARSEILLE.

MONSIEUR,

*C'est au sage Citoyen, c'est
à l'Amateur éclairé, c'est à l'Au-*

teur du Voyage Littéraire de la Grèce, que je dédie mon Ouvrage. Ce foible tribut de l'amitié, de l'estime & de la reconnoissance, apprendra à tous ceux qui ont le bonheur de vous connoître, que j'ai, comme eux, celui de jouir de la douceur de vos Mœurs, de sçavoir goûter vos talens, & de sentir le plaisir de lire un bon Livre. Je deviendrai leur ami, puisque je suis le vôtre; & dès-lors mon travail aura eu pour moi le plus heureux succès.

PUISSENT , MONSIEUR ,
les objets que je vous présente mériter votre attention ; puissent-ils
frapper agréablement des yeux accoutumés aux merveilles de l'ancienne Grèce & de la moderne
Italie ; puisse votre sagacité, exercée à percer les voiles de l'Antiquité & à rapprocher les siècles,
en comparant les Mœurs, ne voir,
dans mes Observations, que ce qu'on

trouve dans les vôtres , le vrai ,

l'agréable & l'utile.

Je suis ,

MONSIEUR,

Votre très - humble
& très - obéiſſant
ſerviteur , L. M.

PRÉFACE.

LES Observations que je présente ici aux Amateurs des Arts
& de l'Antiquité , ont mérité le
suffrage de quelques Artistes des
plus distingués , qui se sont joints
à mes Amis , pour me déterminer
à en donner le Recueil complet.
Je cède à leurs conseils, sans autre
motif que celui d'une louable dé-
férence à leur amitié & à leurs
lumières ; sans autre prétention ,
que celle d'occuper par une lecture
de quelques heures , ceux qui ont

a 3

un peu de goût pour l'Architecture.

On ne commande point l'indulgence au Public; mais il eſt permis de produire les titres qui ſervent à concilier ſa confiance; &, au moins à cet égard, il n'y a ni préſomption, ni baſſeſſe à vouloir le prévenir en faveur de ce qu'on lui préſente. Ces Obſervations ont été le ſujet d'une correſpondance réelle avec un Sçavant, à qui nulle eſpèce de littérature n'étoit étrangère. Elles n'ont pas été écrites dans un Cabinet placé à deux ou trois cens lieues des objets dont elles traitent, ni d'après la ſeule inſpection des deſſins qui les repréſentent. J'ai fait

un affez long féjour à Rome, pour
avoir le tems & les moyens d'examiner à fond la plupart des monumens Antiques dont je parle. Un
goût affez vif pour ces fortes de
monumens à excité ma curiofité ;
mais cette curiofité n'a été ni en-
traînée par la précipitation , ni fé-
duite par l'enthoufiafme. On pourroit dire mieux que moi, mais on
ne me pourra reprocher que j'en impofe ; & je prends hardiment pour
garans de mon exactitude , tous les
Voyageurs inftruits , défintéreffés
& accoutumés à bien voir , qui
ont confidéré, par eux-mêmes, les
reftes majeftueux de l'ancienne Capitale de l'univers.

Parmi cette multitude de monumens

qui firent l'admiration des siècles passés, & dont il ne subsiste aujourd'hui que des descriptions ou des ruines, je me suis d'abord attaché aux Temples des Dieux ; objets méprisables, envisagés du côté de leur destination sous le règne de l'Idolatrie ; mais objets intéressans dès qu'on en examine la structure ; objets dignes sur-tout de la curiosité des vrais Amateurs, qui ne doivent jamais admirer ce qu'ils ne connoissent qu'imparfaitement, moins encore prononcer d'après un préjugé vulgaire. Les anciens Temples entrent pour beaucoup dans l'Histoire de l'Architecture, & l'on ne peut aimer ce bel Art, sans aimer aussi à con-

noître les monumens où il déploya
souvent le plus de majesté & de
richesses. Je sçais que je n'en parlerai qu'après beaucoup d'autres,
mais en traitant la même matière
qu'eux, je la restraindrai. Je n'exa-
minerai ni l'origine, ni l'antiquité
des Temples ; leurs ornemens même n'entreront que par occasion
dans ce que j'en dirai. Leur grandeur seule m'occupera, & je me
bornerai à fixer un peu les idées
sur leurs dimensions les plus ordinaires.

Comme j'ai été témoin des réparations faites il y a quelques an-
nées au Panthéon d'Agrippa, je
me suis permis d'être d'un avis contraire à celui de quelques Amateurs

un peu ardens qui les ont blâmées. Dix-huit ans écoulés depuis ces réparations rendent aujourd'hui le sujet moins piquant ; mais lié à l'Histoire de l'Architecture en général, ce sujet fournit d'utiles Observations sur celle des Temples en particulier, & dès-lors il ne doit point paroître déplacé dans un Ouvrage comme celui-ci.

Après avoir parlé des Temples des Anciens pris du côté de leur grandeur & de leur structure, il est assez naturel que je parle aussi de nos Eglises. Pendant long-tems elles n'eurent ni l'élégance, ni la richesse des Temples Antiques. Ce n'est point dans celles qui ont été construites avant la fin du quinzième

fiècle , qu'il faut chercher des modèles de proportions & d'ornemens ;
mais les changemens qu'ont éprou-
vé leur forme & leur décoration,
m'ont paru mériter une attention
particulière. Il en eft parmi elles
que l'on méprife trop , & qui ga-
gnent beaucoup à être examinées
fans prévention.

J'ai délibéré quelque-tems , fi je
parlerois de Saint-Pierre de Rome.
Tant d'Ouvrages préfentent des defcriptions bonnes ou mauvaifes, que
je ne pouvois que répéter fans rien
dire de nouveau ; j'avois quelque
peine à prendre le ton , à faire l'offi-
ce d'un fimple *Cicerone* (1). Pour

-----

(1) A Rome on appelle *Cicerone* tout hom-

donner quelque chofe de mieux
entendu qu'une sèche Nomencla-
ture de Statues & de Tableaux, il
faudroit des talens que je n'ai pas,
il faudroit un Volume entier d'Ef-
tampes ; parce que Saint-Pierre de
Rome n'eft point un Temple, dont
toutes les beautés fe faififfent après
une defcription de quelques lignes.
Les détails en font infinis ; & les

---

me qui fait métier de montrer, & d'expliquer
aux Etrangers les Curiofités Antiques & Modernes. Pour deux *Jules* par jour, il débite autant
de fauffetés & de traditions populaires que l'on
veut. Combien d'inepties racontées, ou impri-
mées dans des *Voyages d'Italie* fur l'autorité
de pareils Antiquaires ! L'ouvrage de M. l'Abbé
Richard ne feroit pas auffi eftimable qu'il l'eft,
s'il n'avoit vu que par leurs yeux les monumens
de Rome.

détails ne caufent que de l'embar-
ras, fi la Gravure ne met en état
de les fuivre fans les confondre (1).

Cependant, pour remplir, au
moins à moitié, l'efpèce d'engage-
ment que m'impofe le titre de ce
petit Ouvrage, je donnerai, non
pas la defcription complette de la
Bafilique du Vatican, mais l'hiftoire

------

(1) Je ne puis rien indiquer de plus ample
& de plus fatisfaifant fur la partie *Architectonique*
de Saint-Pierre de Rome, que l'Ouvrage publié
en 1763, par M. Dumont, Profeffeur d'Architecture fous ce titre : *Détail des plus intéref-*
fantes parties de la Bafilique de Saint-Pierre de
Rome levées & deffinées fur les lieux. Cet Ouvrage eft de main de Maître & digne de la réputation méritée de l'Auteur. La netteté &
la propreté de la Gravure y répondent à l'exactitude du Deffin.

de fa conftruction, partie plus igno-
rée des Amateurs & des Voyageurs.
Cette hiftoire ne fera que l'abrégé
de celle qu'en firent, dans le denier
fiècle, le Chevalier Carle Fontana,
& le P. Bonani, Auteur moins
Architecte que le premier, mais
d'une meilleure Critique. Leurs
Ouvrages, fruits d'un pays étranger,
ne fe trouvent guères que dans
quelques-unes de nos grandes Bibliothèques ; ce font des *in-folio* :
ils font écrits en Italien & en Latin, trois raifons dont une feule
fuffit, pour juftifier le peu de connoiffance qu'on en a. Je crois donc
faire plaifir aux Littérateurs & aux
Hommes de goût, en leur préfentant quelques Notices hiftoriques

ſur un monument qui tiendra toujours la première place dans l'Hiſtoire générale de l'Architecture.

Je dois le fond du dernier morceau de ce Recueil à une Diſſertation
Latine publiée à Rome en 1589,
ſous ce titre : *Petri Angeli Bargæi,
de Veris Urbis Romæ everſoribus
Epiſtola.* Mais je lui ai donné une
tournure plus analogue à notre façon de diſſerter ; j'y ai joint de nouvelles Obſervations , qui rendent
encore plus plauſible l'opinion de
l'Auteur Italien.

Je n'ajoute plus qu'un mot. Autant il y auroit de ma part d'im-
prudence & de témérité à donner
pour des Oracles & des préceptes
ce que j'avancerai en parlant d'un

Art que je n'exerce pas ; autant il
y auroit d'injuſtice aux *Virtuoſes* à
trouver toutes mes raiſons mauvai-
ſes , préciſément par ce que je n'ai
conſtruit ni Temple, ni Palais.

TEMPLES

TEMPLES

ANCIENS

ET MODERNES.

TEMPLES

DU PAGANISME.

ARTICLE PREMIER.

A la vue de nos Temples, sur-tout de ceux qui ont le plus de célébrité, on se demande s'ils valent les Temples du Pa-

Premiere Partie.   A

ganifme , & l'idée que l'on a des anciens dictant la réponfe , il eft rare qu'on ne décide point en faveur de l'antique. J'avoue qu'on ne rifque guères de fe tromper , en fuppofant aux anciens Temples plus de magnificence & de richeffe que n'en a le commun des nôtres hors de l'Italie , & nous devons rougir que la fuperftition ait été plus généreufe que la vraie Religion. Mais je crois qu'on fe trompe en donnant , du côté de la capacité ou de la grandeur, la préférence à l'antique fur le moderne.

On a oui parler des Temples de Jupiter Olympien , de Diane à Ephèfe , de Sérapis , &c. & pleins des merveilles qu'en ont racontées les Hiftoriens , on attribue la célébrité de ces édifices autant à leur capacité , qu'à leur richeffe. Ils étoient vaftes fans doute ; mais en inférer que tous les autres avoient les mêmes dimenfions , c'eft une erreur de l'imagination qui ajoute au moins les deux tiers à la réalité. Pour fçavoir à quoi s'en tenir ; diftinguons deux fortes de Temples. Cette diftinction , je ne l'établis point en Architecte fur la forme de l'édifice, fur le plus ou le moins de modules donnés à l'entre-colonnement, ce qui le rend ou *Py-gnoſtyle* ou *Diaſtyle*, (1) *&c.* je la prends de ſa ſituation dans les Villes ou hors des Villes. Donnons notre première attention à celle-ci.

A la ſuite du plus habile Voyageur de l'Antiquité (2), je parcours les campagnes de la Grèce, du Peloponèſe, des Iſles adjacentes. De tous côtés, j'apperçois de petits édifices, qu'on me dit être des Temples. Les uns ſont à moitié ruinés; les autres encore en bon état, n'ont rien qui les diſtingue d'une maiſon profane: point d'ornemens extérieurs, tous à-peu-près ſont de brique. Il y en a qui ne ſont compoſés que de lauriers, dont les branches entrelacées forment une enceinte étroite, au milieu de laquelle eſt la Statue du Dieu qu'on y adore. Ceux-ci ſont ſans toît, ou parce qu'il n'a pas plû à l'Architecte de leur en donner, ou parce que le tems les

---

(1) L'ordonnance Pygnoſtyle étoit celle où l'entre-colonnement n'avoit qu'un diamètre & demi de la colonne. Trois diamètres rendoient l'ordonnance Diaſtyle.

(2) Pauſanias.

A 2

a détruits ; ceux-là n'ont qu'un toît de chaume ; les plus magnifiques font couverts d'une voûte, ou d'un plafond orné de quelques Peintures & d'une Sculpture légère. Je les trouve quelquefois entourés d'un bofquet, ou confacré par la fuperftition, ou uniquement deftiné à donner de l'ombre à ceux qu'elle amène aux pieds de l'idole : une fontaine, un ruiffeau que la nature y a placés, & qu'on n'a pas manqué de divinifer, fourniffent au Pélerin altéré de quoi étancher fa foif. Du refte, les environs font déferts, ou habités tout au plus par quelques Hiérophantes chargés de faire l'hiftoire du monument, & d'amufer par des Fables le Voyageur curieux.

Ce n'eft donc point dans ces édifices qu'il faut chercher la grandeur des Temples de la Grèce. Les Romains en conftruifirent auffi dans les campagnes, mais en beaucoup plus petit nombre que les Grecs ; leur hiftoire avoit moins de merveilleux. Prefque tous les Dieux de l'Olympe, de la Terre & des Enfers étoient nés chez ces derniers; les premiers Héros du monde étoient Grecs, il n'étoit aucun Canton de l'Attique, de la Theffalie, &c. où il ne fe fût opéré quelque métamor-

phofe, qui n'eût été le théâtre de quelque combat divin. Ces prérogatives, en
étendant la fuperftition, devoient multiplier les monumens propres à l'annoncer.
Mais les Romains imitateurs des Grecs,
& formés par eux dans les Arts, ne donnèrent pas plus d'étendue que leurs Maîtres à ces Temples ifolés. Il en fubfifte
encore des ruines en plufieurs endroits, &
les plans qu'en ont levés quelques Architectes modernes, ne préfentent que d'élégantes compofitions, dont un coup-d'œil
faifit les dimenfions, & apperçoit, en un
inftant, toutes les parties.

On dira peut-être que je donne le nom
de Temple à des édifices qui ne le portoient pas, & qui n'étoient point regardés
comme des Temples proprement dits. Sans
entrer dans des difcuffions fur la fignifica-
tion exacte & précife de *Templum*, *Delubrum*,
Ædes, *Fanum*, &c. il me fuffit que les édifices dont je parle fuffent facrés & publics, qu'on y vît des Statues, des Autels,
des Trépieds. Je ne trouve rien de plus
pour l'effentiel des cérémonies communes
dans les plus vaftes Temples d'Athènes &
de Corinthe : ceux-ci font plus grands,
mais les autres n'en font pas moins des

Temples par leur objet & leur ufage. Enfin, fi l'on ne veut comprendre fous le
nom de Temples que ceux dont les dimenfions fe défignoient par arpens ou par
ftades, il faudra convenir que Rome,
malgré fa prodigieufe étendue, quoique la
Ville de tous les Dieux, n'avoit que trois
ou quatre Temples, celui de Jupiter Capitolin, celui de la Paix & le Panthéon.
Ce font les feuls qui fuffent d'une grandeur beaucoup au-deffus de l'ordinaire.
L'on ne donne au Panthéon que cent qua-
rante-quatre pieds de diamètre. Le tems a
épargné le Temple de la *Fortune Virile*, &
celui de *Vefta*; l'un eft quarré-long, l'autre eft fphérique, & pour fe former une
jufte idée de leur grandeur, il fuffit de
fçavoir que tous les deux n'occupent pas
autant de fuperficie que le Panthéon.

Si les anciens Architectes n'avoient eu
à conftruire que de pareils morceaux, ils
auroient pu y montrer du goût & de la
délicateffe; mais le génie n'eût point trouvé à s'y développer. Nous fçavons jufqu'où alloit leur imagination & leur hardieffe dans certains édifices profanes, tels
que les Théâtres, les Thermes, les Bafiliques. C'eft en examinant les Temples des

Villes qu'il faut voir, fi, pour les Dieux,
ils travaillèrent en grand, comme pour les
hommes. Pour cela, il n'eſt pas néceſſaire
d'entrer dans des détails de toiſes & de pieds,
de comparer les longueurs & les largeurs.
On l'entreprendroit même aſſez inutile-
ment, puiſqu'il eſt très-peu d'anciens Temples dont les Hiſtoriens nous aient marqué les dimenſions principales. D'ailleurs,
ceux dont ils parlent paſſoient pour des
merveilles, & ce n'eſt point d'après eux
qu'il faut juger des autres. J'en dirai cependant un mot.

Preſque tous les Antiquaires qui ont fait
mention des anciens Temples, ſe ſont
plus attachés à peindre leur magnificence
qu'à fixer leur étendue. Dans ce qu'ils en
ont dit, je crois trouver deux défauts de
préciſion, d'où naît la fauſſe idée que l'on
ſe fait des monumens ſacrés d'Athènes
& de l'ancienne Rome. Ils appliquent à
tous les Temples en général ce qui n'appartenoit qu'à quelques Temples particuliers; ils ne diſtinguent pas aſſez ce qui
conſtituoit le Temple proprement dit de
ce qui n'en étoit que l'acceſſoire.

Conſultez ſur les Temples du Paganiſ-
me ceux qui ont travaillé à nous en don- ſource des

préjugés sur la grandeur des Temples du Paganisme.

ner quelque idée, ils vous diront qu'au-devant de ces Temples, il y avoit toujours une grande place appellée *Area* (Aire), occupée par les Marchands qui vendoient les denrées néceſſaires aux ſacrifices, aux offrandes, aux libations ; qu'enſuite étoit une fontaine deſtinée à purifier les Sacrifi-cateurs & les victimes : que de l'aire, on paſſoit dans une cour *(Atrium)* entourée de portiques ; de cette cour dans un veſ-tibule, du veſtibule dans le corps du bâti-ment *(Cella)* où étoient les Dieux, les au-tels, les Candélabres, &c. que cette *Cella* avoit trois parties principales, la *Baſilique* répondant à ce que nous appellons nef, *l'Adytum* qui répond à notre ſánctuaire, & la *Tribune*, ou rond-point de nos Egliſes, où étoit la Statue du Dieu dont le Tem-ple portoit le nom. Ils parlent encore du *Penetrale*, du *Sacrarium*, & font aſſez embarraſſés à diſtribuer ces différentes piè-ces. Quoiqu'il en ſoit, voilà une deſcrip-tion qui ſuppoſe bien du terrein occupé ; ſur - tout, les rapports que l'on donne aux différentes parties de la *Cella*, avec celles de nos plus grandes Egliſes, laiſſent dans l'eſprit l'image d'un édifice ſpacieux. Mais cette deſcription eſt faite d'après le

Temple de Diane à Ephèse ou de Sérapis; elle ne convient point à tous les Temples: tous n'avoient ni ces places, ni ces
portiques, ni ces veftibules, qu'on nous
repréfente comme néceffaires à leur com-
pofition. Les trouvoit-on, par exemple,
aux foixante Temples qui étoient fur le
Capitole; celui de Jupiter Capitolin occupant déja une bonne partie du terrein,
& la Bafilique de Saint Pierre couvrant
aujourd'hui elle feule autant de furface
qu'en a ce fameux Tertre? Les trouvoit-on
à ceux qui entouroient la moitié du *Forum Romanum*, où il y avoit outre cela des
Bafiliques, des Roftres, des Arcs de Triomphe, des Statues équeftres, des Fontaines
qui refferroient l'efpace? Quelques - uns
avoient tout au plus un petit portique à
deux, quatre ou fix colonnes; les autres
pouvoient être riches en Peintures & en
Sculptures, mais l'extérieur étoit fans cet
appareil qui demande un grand terrein
pour avoir de la majefté, & qui tombe
dans le mefquin, dès qu'on le traite en
petites proportions.

L'ancienne Rome avoit une étendue
immenfe, mais vu la quantité auffi immenfe de Temples qu'elle renfermoit dans

ſon enceinte; il faudroit lui ſuppoſer une grandeur double de ce qu'elle étoit , ſi tous les Temples avoient été accompagnés de places, de veſtibules, &c. Croit-on que la ſuperſtition , ſans bornes dans les objets de ſon culte, n'en connût point dans les dépenſes auxquelles l'engageoit la multiplicité de ſes Dieux ? l'économie eut autant de part que la commodité , à l'invention du *Pſeudodiptere* par Hermogène (1). Il eſt ſûr que pendant les ſix premiers ſiècles de Rome ; les Temples ne furent ni plus grands, ni plus magnifiques que les maiſons des Citoyens , leſquelles n'avoient qu'un étage ; & c'eſt à la pauvreté des Romains qu'il faut attribuer

---

(1) On appelloit *aile* tout ſimplement, le portique qui régnoit en-dehors le long du Temple , & qui étoit formé par un ſeul rang de colonnes. Quand il y en avoit deux , le Temple étoit cenſé avoir une double aile, & il prenoit la dénomination de *Diptere*. Hermogène imagina de retrancher de cette double aile le rang intérieur de colonnes qui la formoit, en donnant cependant au portique la même largeur qu'il auroit eue, ſi ce rang de colonnes eût exiſté. On appella cette eſpece de Temple *Pſeudodiptere*, c'eſt-à-dire , *faux Diptere*.

cette égalité entre les édifices facrés &
les habitations des particuliers. Tel fut
au moins l'état des chofes avant les conquêtes des Romains dans la Grèce. En
662 de Rome , dit Pline , on ne voyoit
encore de colonnes de marbre dans aucun
édifice public ; & c'eft dans ce fiècle que
le Temple de Jupiter *Férétrien* n'avoit que
quinze pieds de long. La fortune étoit
une des Déeffes les plus honorées des
Romains ; le culte de Vefta étoit des plus
facrés , datoit de l'origine de la Nation ;
& ce que j'ai dit plus haut des Temples
de ces deux Divinités , doit arrêter l'effor
de l'imagination , fur leur étendue , dans
ceux qui ne les ont point vus.

ARTICLE II.

TEMPLES
DU PAGA-
NISME.

LA révolution dans le Gouvernement sous Jules-Céfar en occafionna une générale dans les Arts , qui jufqu'alors n'avoient occupé que quelques riches Citoyens tels que Craffus, Lucullus, Pompée , &c. Les Temples des Dieux furent les premiers édifices publics où la magnificence fuccéda à la mefquinerie , où la brique fut revêtue de marbre , où l'Architecture fe montra avec cette majefté qu'elle avoit dans la Grèce ; mais en devenant plus magnifiques & plus riches, les Temples n'en devinrent pas beaucoup plus grands. On fe borna à décorer les anciens ; les nouveaux , conftruits fur des plans un peu plus étendus , ne furent jamais ce que l'on appelle de vaftes bâtimens , la raifon , indépendamment d'un efpece d'ufage , étoit que les Princes , en même - tems qu'ils bâtiffoient pour les Dieux , travailloient auffi pour le public & pour eux-mêmes. Ils étendoient leurs palais , ils élevoient des Acqueducs au centre de Rome, ils conftruifoient des places publiques, des Thermes, des Bafi-liques. Si au milieu de tout cela chaque Temple avoit eu feulement les dimen-fions du Panthéon, tous les accompagne-mens du Temple de Jupiter Capitolin, rapprochés l'un de l'autre, ils auroient prefque rempli feuls l'enceinte de Rome telle qu'on la voit aujourd'hui.

D'ailleurs, en conftruifant un nouveau Temple; combien de fois ne mit-on point à profit, pour fa décoration, les édifices qui l'environnoient. Le Sénat décerne un Temple à Antonin & à Fauftine : l'em-placement eft marqué dans *Via Sacra* (1), une des plus fréquentées de l'ancienne Ro-me ; parce qu'elle communiquoit du pa-lais des Empereurs au Capitole. Le public fouffrira de ce monument, fi le paffage eft intercepté par une multitude d'édifices uniquement à l'ufage du Temple. Que fait-on ? on conftruit un corps de bâti-ment d'environ trente pieds de long. Dix colonnes de marbre, fix de face & deux en retour fur chaque côté forment un

---

(1) Rue facrée.

portique d'une médiocre profondeur. Quelques maisons abattues vis-à-vis, lui donnent vue sur le (1) *Forum Romanum* dont les colonnades se raccordent avec celles du nouveau Temple, augmentent sa majesté, & en reçoivent à leur tour un nouvel ornement. A la vue du monument qui existe encore en grande partie, en rapprochant sur ceux qui l'environnoient les conjectures les plus plausibles, on ne peut pas supposer que le Temple de Faustine ait jamais eu plus d'étendue qu'on ne lui en voit aujourd'hui. Ainsi après la Bataille de Pharsale, Jules-César fit ériger le Temple de *Venus Genitrix* au milieu du *Forum* construit par ses ordres, lorsqu'il étoit encore dans les Gaules. Ainsi l'Empereur Adrien plaça sur le *Forum Trajanum* le monument de sa reconnoissance envers son Prédécesseur.

---

(1) Le *Forum Romanum* étoit la plus ancienne & la plus vaste place publique de Rome. Là, se tenoient les grandes assemblées du peuple, avant qu'Agrippa eût fait étendre les *Septes* du Champ de Mars. La place de Jules César, la place de Nerva, la place de Trajan, &c. servoient plus à la décoration qu'à la commodité des quartiers où elles étoient.

Il ne faut pas toujours s'en rapporter aveuglément aux Architectes qui nous ont donné des Plans d'anciens monumens sacrés. Conduits quelquefois par le préjugé, ils ne mettent pas assez de critique dans leurs observations, ils supposent facilement dans l'Antique des beautés qui n'existerent jamais, & si, en dessinant des ruines, ils ne trouvent pas tout ce qu'ils cherchent, ils ajoutent de leur chef, & travaillent d'imagination. Par exemple, Palladio qui a dessiné le Temple de Faustine, dont je parlois plus haut, dit qu'il n'a trouvé dans l'intérieur aucune trace d'ornemens, mais qu'il devoit y en avoir de magnifiques. Avec cette idée, il prend le crayon, dessine des Niches, des Statues, &c. & nous dit : voilà l'intérieur du Temple de Faustine. Il va plus loin ; dans le feu de la composition, il jette devant, à droite & à gauche de grands portiques, sans songer qu'il bâtit aux dépens de Remus qui avoit son Temple à dix pas de celui de Faustine, sans s'appercevoir qu'il barre le passage aux Triomphateurs qui montoient au Capitole par la *Voie sacrée*, aux Prêtres qui, par la même rue, alloient en pompe faire un sacrifice à Jupiter aux

Ides de chaque mois. Les plus habiles Antiquaires, après de profondes recherches, ont bien de la peine à fixer l'emplacement des édifices les plus célèbres, & tous les jours on appelle de leurs décisions; ce ne fera donc point faire injure aux Architectes les plus estimables, tels que Palladio, de ne les pas toujours croire sur leur parole, & d'employer, en examinant leurs deſſins, plus de lumières qu'eux-mêmes n'en eurent, ou n'en purent avoir en les compoſant.

Il y a de bonnes raiſons de douter qu'il se fît des ſacrifices dans l'intérieur des Temples; ce n'étoit donc point à ces édifices qu'il falloit donner une étendue capable de contenir le peuple qu'attiroit cette partie du culte Payen, c'étoit aux portiques qui les accompagnoient; afin que l'immolation des victimes se faiſant dans le veſtibule, ou au pied de l'eſcalier qui y conduiſoit, les ſpectateurs répandus dans les portiques d'alentour puſſent voir la cérémonie. Mais il faut remarquer que tous les Dieux n'avoient pas les grands honneurs du ſacrifice; que pluſieurs se contentoient de fumigations & d'offrandes; que le ſacrifice d'un cocq à Eſculape ne ne faifoit point autant de fracas, qu'une hécatombe (1) à Apollon ; qu'on ne facrifioit pas devant tous les Temples ; que les affemblées folennelles de Rome fe faifoient au Temple de Jupiter Capitolin, quoiqu'il y en eût de confacrés à Jupiter *Stator*, à Jupiter *Tonnant*, à Jupiter *Cuftos*. pourquoi donc conftruire auprès de ces édifices des cours qui ne devoient point avoir d'ufage ? Remarquons encore que dans la Grèce, il y avoit une infinité de Temples où il n'étoit permis qu'au Prêtre, ou à la Prêtreffe d'entrer. Donnoit-on des dimenfions de trente & quarante toifes à un édifice où il fuffifoit qu'il y eût place pour un homme & pour quelques Statues ? Y voyoit-on la *Bafilique*, l'*Adytum*, le *Sacrarium*, &c. ? Non, c'étoit une petite *Cella* où le Dieu difparoiffoit dans la fumée d'un grain d'encens ; quelques trépieds, une table pour placer les gâteaux facrés, voilà quels en étoient les meubles, & il ne pouvoit y en entrer davantage.

---

(1) Sacrifice de cent bœufs.

Premiere Partie.   B

Seconde source des préjugés sur la grandeur des Temples du Paganisme.

On nous trompe donc, quand on suppose à tous les Temples cet extérieur pompeux que tous n'avoient pas à beaucoup près. On nous trompe encore, en ne distinguant pas assez dans les édifices sacrés les plus vastes & les plus ornés, le corps du Temple de ce qui n'en étoit que l'accessoire. J'appelle le corps du Temple l'endroit particulier où étoient la Statue & les Autels du Dieu à qui tout le monument étoit consacré, qu'on appelloit *Cella*, & qui prenoit le nom de *Périptere* quand il y avoit un rang de colonnes tout autour ; de *Diptère*, quand il y en avoit deux ; ensorte que dès qu'on étoit hors du vestibule, ou même dans le vestibule, on étoit hors du Temple proprement dit.

Temple de Jupiter Olympien à Athènes.

Le Temple de Jupiter Olympien à Athènes avoit, nous dit-on, plus de quatre stades de circuit. Soit : mais distribuons la surface comme les Anciens eux-mêmes l'avoient distribuée, & nous aurons une juste idée de la grandeur réelle du Temple. Il faut renfermer dans ce circuit un monument consacré à Saturne & à Rhée ; un Bois, des Statues sans nombre, des Colosses aussi énormes que celui

de Rhodes. Qu'on donne au bois feulement le quart de l'étendue du bofquet
des Thuileries, que l'on place les Statues
dans des points de vue proportionnés à
léur maffe, & à leurs attitudes, qu'on
loge un peu au large Saturne & Rhée;
le terrein fe remplira de façon, qu'il ne
reftera à Jupiter qu'une maifon affez bor-
née; & nous verrons ailleurs qu'en effet
elle l'étoit. Que dirai-je de ces Temples
de l'Egypte, où il falloit traverfer quatre
& cinq cours avant d'arriver au Sanctuaire de la Divinité qu'on y adoroit; de ces
Temples de la Grèce, où il y avoit des
Bibliothèques, des Gymnafes, des Bains?
Il eft évident qu'ils étoient plutôt des
Villes facrées que des Temples.

A s'en rapporter aux deffins qui ont
été tracés du fameux Temple de la Fortune à Préneste, nul autre n'avoit plus
d'étendue, ne s'annonçoit avec plus de
magnificence. C'étoient des terraffes éle-
vées l'une fur l'autre, des galleries,
des pavillons; mais, où tout cela con-
duifoit-il? à une colonnade en hémicycle,
au milieu de laquelle étoit placée, fur un
trône, la Statue de la Fortune. Tout le
refte n'étoit donc qu'une efpèce de palais

Temple de la For-tune à Pré-neste.

composé de différentes pièces indépendantes l'une de l'autre pour la solidité, & n'ayant d'unité que dans la ressemblance des divers corps qui se répondoient. Ce palais appartenoit moins à la Déesse, qu'à ceux qui la servoient, qu'à ceux qui venoient consulter ses oracles, & qui trouvoient dans ces galleries des promenades pour rêver à leurs chimères.

Mais j'entrevois dans l'origine de la plupart des Temples de l'Antiquité, au moins de ceux de Rome, une raison de ne leur donner qu'une petite étendue. Je laisse à part ceux qui étoient consacrés aux Divinités du premier ordre, telles que Jupiter, Junon, Neptune, Apollon, &c. Divinités dont on craignoit le courroux, sur le secours desquelles on comptoit, à qui dès-lors la Religion faisoit un devoir d'offrir des sacrifices, de faire des offrandes; qui par conséquent devoient être traitées avec plus de distinction. Je parle de la *Clémence*, de la *Concorde*, de l'*Honneur*, &c. Ce n'étoient ici que des vertus divinisées; les monumens qui portoient leurs noms n'étoient destinés qu'à annoncer quelques évènemens glorieux, qu'à en perpétuer la mémoire, qu'à rappeller utilement à l'esprit des en-

fans les fervices de leurs pères, qu'à conferver le fouvenir d'un bon gouvernement, des exploits militaires d'un Général
d'armée , d'un bienfait reçu. Marcellus,
le vainqueur d'Annibal , après fes victoires fur les Gaulois, & fes conquêtes
dans la Sicile, érigea deux Temples, l'un
à l'*Honneur*, l'autre à la *Vertu*, & plaça celui-ci devant le premier ; afin , difent les
Hiftoriens , que les troupes partant pour
la Guerre , fe fouvinffent qu'on ne par-
venoit à la gloire que par le courage,
qu'on n'acquéroit de l'honneur que par
la vertu. Le premier Temple de la *Concorde* fut érigé par le Tribun Flavius avant
la premiere Guerre Punique , parce qu'il
avoit réuffi à réconcilier les différens Ordres de la République : monument qui fi-
gnifioit que l'union de fentimens & de
vues fait la force d'un Etat , que par elle
on trouve des reffources dans les tems les
plus critiques. Marc-Aurèle plaça fur le
Capitole un Temple de la *Bienfaifance ,*
Divinité, ajoute Dion, dont le nom avoit
jufqu'alors été inconnu, & à qui cet Empereur n'érigeoit fans doute des Autels, que
pour apprendre à fes fucceffeurs, que la
bienfaifance , fi bien pratiquée par lui-

même, devoit tenir un des premiers rangs parmi les vertus d'un Prince. La foudre tombe aux pieds d'Augufte fans lui faire de mal; auffi-tôt on érige un Temple à Jupiter *Tonnant*, & à fa vue, la poftérité fe rappellera l'amour des Dieux pour le Maître du Monde. Que l'on parcoure toutes les Vertus qui avoient des Temples à Rome, la *Fidélité*, la *Conftance*, la *Bonne-foi*, on trouvera que toutes ne devoient leur culte qu'à quelque évènement dont on vouloit conferver le fouvenir. Dans cette vue, il n'étoit pas néceffaire de conftruire des édifices immenfes. Si Vefpafien, après la deftruction de Jérufalem, donna de fi grandes dimenfions au Temple de la Paix, c'eft qu'il voulut en faire le dépôt de toutes les richeffes de la Judée. Mais dans celui de la *Clémence* érigé en l'honneur de Céfar après la journée de Pharfale, il n'y avoit à placer que la Statue de la nouvelle Déeffe, & pour cela, il fuffifoit d'une niche renforcée. Se perfuadera-t-on que les Temples de la *Vieilleffe*, de la *Fièvre*, de la *Peur* aient coûté feulement la plus petite colonne aux carrières de Paros ou de Carrare?

Enfin, qu'on fe rappelle que hors l'occasion d'un sacrifice solennel, ou d'une supplication générale, il ne se faisoit, dans les Temples, aucune assemblée considérable ; qu'il y avoit fort peu de ces cérémonies religieuses régulièrement en usage chaque année ; qu'un Citoyen du commun ayant des graces à demander aux Dieux, prenoit quelque petite victime, s'il étoit à son aise ; quelques gâteaux, s'il étoit pauvre, & suivi de sa femme & de ses enfans alloit à petit bruit faire son sacrifice ou son offrande. Qu'on se rappelle encore qu'à Rome tous les Temples, excepté un, étoient habituellement fermés, & on n'aura pas de peine à concevoir que les Anciens ne donnèrent point à leurs édifices sacrés une étendue inutile & dispendieuse.

Quant à la supplication générale, elle avoit deux objets ; ou de remercier les Dieux après quelque victoire éclatante remportée sur l'ennemi, hors d'une Guerre civile ; ou de les appaiser dans les malheurs de l'Etat. Alors tous les Temples s'ouvroient, parce qu'il n'étoit aucune Divinité qui, à sa façon, n'entrât pour quelque chose dans la victoire ; aucune vertu qui, de la part des Généraux & des Soldats, n'eût contribué plus ou moins au succès des armes ; il convenoit donc que tous les Dieux & toutes les Vertus eussent part aux actions de graces. Mais le nombre des Temples étoit si grand , qu'on n'avoit point à craindre d'y trouver foule, le peuple , à son ordinaire, s'occupant moins de ce que la fête avoit de religieux, que des plaisirs qu'elle lui procuroit. Dans les supplications ordonnées pour détourner les malheurs , c'étoient les femmes qui faisoient les plus grands frais. Elles alloient à tous les Temples les cheveux épars ; elles se prosternoient sur l'escalier du vestibule , se répandoient dans les portiques, y poussoient des cris lugubres , & parcouroient ainsi successivement tous les quartiers de Rome sans s'arrêter long-tems en chaque endroit.

A ces raisons, tirées pour la plupart de certaines convenances , je vais ajouter quelque chose de plus précis.

ARTICLE III.

Quand je commençai ces recher-
ches fur les Temples des Anciens , je n'a-
vois point encore vu l'ouvrage précieux
dont M. le Roi a enrichi la France (1).

Temples
du Paga-
nisme.

Outre le plaifir de voir des morceaux
dont nous n'avions aucune connoiffance,
ou que nous ne connoiffions que par des
defcriptions , j'ai eu , en examinant le
nouveau Recueil , la fatisfaction d'y trouver de quoi juftifier mes idées fur la grandeur des anciens Temples.

Les obfervations de M. Le Roi feront
pour moi des autorités dont je me prévau-
drai hardiment dans ce qui me refte à dire.
Peut-être aura-t-on trouvé trop générales
les raifons dont j'ai appuié jufqu'ici mes
conjectures fur l'objet de mes recherches,
& je dois en donner de plus directement
tirées de la façon de bâtir en ufage dans

______

(1) Les ruines des plus beaux monumens de la Grèce.
Cet Ouvrage fe vend chez Mufier fils, Libraire.

l'antiquité. Je les tirerai de Vitruve lui-même, un peu développé & éclairci par le nouvel Architecte François. On ne peut pas m'en demander davantage. Je fçais que quelques amateurs refufent à Vitruve de l'imagination & du goût ; mais enfin, quand cela feroit exactement vrai, Vitruve eft le feul parmi les Anciens dont les préceptes, fur fon Art, foient parvenus jufqu'à nous, & nous devons au moins l'en croire, quand il parle de la forme, des dimenfions & des ornemens employés dans les édifices facrés de fon fiècle.

Ufage du Pilaftre chez les Anciens. Je pourrois donc, fur fon autorité, avancer d'abord, que dans les Temples de grande ordonnance, les Anciens n'employèrent jamais le pilaftre comme partie principale d'un corps d'Architecture ; ce qui eft cependant d'une fi bonne reffource, quand on veut bâtir en grand, & que l'on manque de colonnes. On ne me pafferoit pas, fans preuves, une pareille affertion, & je dirois : qu'après avoir bien examiné l'ufage du pilaftre dans les Temples, je ne lui en ai point trouvé d'autre que celui d'un contrefort. Il eft un peu annobli, décoré fi l'on veut, mais c'eft toujours un contrefort.

Je l'apperçois aux endroits où les murs de la *Cella* font angle faillant en-dedans ou en-dehors; je le trouve aux extrémités des mêmes murs, lorfqu'ils s'avancent pour former une partie du *Pronaos* ou portique d'entrée; je le vois encore quelquefois dans les ailes qui flanquent à l'extérieur l'édifice; mais là, comme ailleurs, il ne fert qu'à fortifier le mur de la *Cella*, qu'à porter l'extrémité des poutres qui forment les plafonds des portiques; & afin qu'il n'ait point à l'œil un effet défagréable, on lui donne un chapiteau & une bafe analogues à l'ordre des colonnes. En un mot, fa deftination eft de donner de la force aux endroits où on l'emploie, il ne faut pas lui chercher une autre origine. Si l'on a étendu fon ufage, fi l'on a fait un ornement effentiel de ce qui n'étoit qu'un acceffoire utile; fi par la raifon que dans les portiques d'une certaine largeur, *le Pfeudodiptere*, par exemple, on le plaçoit derrière les colonnes afin de diminuer la portée des architraves tranfverfales, il en a été mis enfuite par-tout où il y avoit une colonne, tant près fût-elle du mur, c'eft peut-être, car il ne me convient ni de décider ni de cenfurer, c'eft

peut-être un abus introduit chez les Anciens même par quelque Maître hardi,
adopté par fes élèves, & enfin autorifé
par la pratique univerfelle des Architectes
modernes.

Mais pour qu'on ne me foupçonne pas
de vouloir renouveller la guerre contre le
pilaftre, qui après tout a fon mérite
quand on ne le prodigue pas, & qu'on
fçait le placer, je n'infifte pas fur ce qu'il
a de pauvre, quand il eft feul; de plat,
quand il règne dans une grande longueur
de bâtiment; de foible, lorfque s'élevant
fort-haut, & ne préfentant fur fes côtés
que quelques pouces d'*équarriffage*, il porte
un entablement d'une grande faillie. Je
me borne à l'exclure comme partie principale des Temples de grande ordonnance;
parce que je crois que les Anciens ne lui
faifoient pas l'honneur de l'y admettre.
Ces Temples, appellés vaftes par les Hiftoriens en comparaifon des Temples ordinaires, qui les faifoit conftruire? Rarement
des particuliers, à moins qu'ils n'euffent
le crédit, & les richeffes d'Agrippa, ou
d'Hérodes l'Athénien. Ils étoient les monumens de la reconnoiffance d'une Ville
ou d'une Province entière, & c'étoit le

tréfor public qui fourniffoit à la dépenfe;
ils étoient deftinés à annoncer la piété ou
la grandeur des Monarques, & alors on
voyoit toute l'Afie partager les frais de
l'entreprife. Mais alors on ne parloit auffi
que de portiques, de veftibules, de galleries. Paros, le Mont Penthélique, la
Phrygie, l'Egypte, n'avoient point affez
de carrières pour fournir les marbres; on
vouloit du grand, du noble, & on ne
le voyoit que dans un édifice où la richeffe
de l'ordonnance égalât le prix de la matière; où il n'y eût de murailles qu'autant qu'il en falloit pour former une enceinte autour des Dieux, & en écarter les
profanes; où tout ce qui avoit befoin
d'appui fût porté fur des colonnes; parce
qu'en matière d'édifices publics, il n'y a
de vraie, de belle Architecture que celle
où il y a des colonnes, où les colonnes
portent l'entablement, où l'entablement
fert à porter les voûtes & les plafonds.

On n'attribuera pas à mauvaife volonté
de ma part l'exclufion que je donne ici
au pilaftre, quand on fera attention que
j'ai pour moi les Architectes obferva-
teurs. Qu'on jette les yeux fur la page 6 de
la feconde partie des Ruines des Monu-

mens de la Grèce , on conviendra que ce qui, propofé par un homme comme moi, ne feroit qu'une conjecture hafardée , devient une vérité par la réflexion de M. Le Roi lui - même , & par les plans qu'il nous a donnés. Qu'on examine les plans , & l'on n'y trouvera le pilaftre que dans les endroits où le place Vitruve qui avoit pris des Grecs fes principes & fes règles. En conftruifant les *Propylées* d'Athènes (1) , on avoit certainement beau jeu pour prodiguer les pilaftres , & aujourd'hui on ne les épargneroit pas dans une porte de Ville. Dans la porte de la citadèle d'Athènes , on n'en verra qu'aux pieddroits (2) des arcades qui avoient befoin d'être confolidées. Il y en a fix en tout.

Or , ce goût pour le fomptueux , cet ufage des colonnes , fur-tout quand on les vouloit d'un feul bloc, empêchoit de donner aux édifices facrés l'étendue qu'ils auroient pu avoir , s'il ne s'étoit agi que

---

(1) Porte de la citadelle d'Athènes.

(2) Les pied-droits font aux Arcades d'une Eglife , d'un Portique , d'un Cloître , &c. ce que font les piles aux Arches d'un Pont.

de pilaftres. Il étoit plus difficile de raffem-
bler des différentes parties du monde,
cent, deux cens colonnes, que d'enclore
de murailles cinq ou fix arpens de terrein,
de ménager des contreforts dans l'intérieur, de leur donner un chapiteau & une
bafe, & de couronner le tout d'un entablement. Il ne nous en coûte pas plus aujourd'hui de donner foixante pieds à un
pilaftre, que de lui en donner feulement
trente. Il n'en étoit pas ainfi des colonnes, quand on les vouloit d'un feul bloc
& de certains marbres précieux, dont les
carrières étoient plus rares & moins riches, dont le grain étoit plus fin & plus
dur. Le granit alloit fort-bien à Jupiter,
à Mars, à Hercule, Divinités dont la fier-
té devoit fe peindre dans les monumens
qui leur étoient confacrés. Mais Flore,
Hébé, Diane, les Graces vouloient quelque chofe de moins fombre. Le plus beau
blanc de Paros, le diapré le plus varié,
le verd le plus vif & le plus gai, fem-
bloient naturellement faits pour elles,
& il eft probable qu'on n'en employoit
point d'autres.

Les différences affignées par les Architectes pour la forme des Temples, relati-

vement aux différentes Divinités , m'autorisent à en mettre dans le choix des marbres. Or , de tous les marbres dont les Romains ont fait usage, le Granit paroît avoir été le plus commun. La preuve s'en tire de la quantité prodigieuse de colonnes antiques de Granit que l'on voit à Rome , & qui vis-à-vis des autres sont dans la proportion de six à un. C'est aussi celui dont il est le plus facile de tirer de grandes masses ; & cela se prouve encore par la longueur des fûts de colonnes, sans parler des obélisques. Il ne faut cependant pas croire que toutes aient eu cinquante coudées comme celles du Temple de Cyzique. Une colonne de granit qui a plus de cinquante pieds est toujours citée comme une merveille : à Rome il n'y en a pas aujourd'hui trente entières, ou en fragmens , qui aient cette longueur , & le plus grand nombre n'a pas trente pieds. Des colonnes de marbre blanc de Paros ou autre , de jaune ou de verd antique , de porphyre qui ont servi, ou pu servir aux Temples , on auroit de la peine à en trouver soixante qui passassent trente pieds de fût ; je parle toujours des colonnes d'un seul bloc.

Quant

Quant à celles qui étoient formées de plusieurs tambours ou affises, j'imagine que les Grecs & les Romains avoient une certaine proportion générale susceptible de quelques petites différences, selon le plus ou le moins de grandeur des Temples qu'ils vouloient rendre magnifiques, afin de ne pas donner dans le colossal si chéri des Egyptiens, & que les colonnes ne perdissent point de leur solidité en s'allongeant trop. Selon l'estimation de M. Le Roi, les colonnes du Panthéon d'Adrien, l'un des plus vastes monumens de la Grèce, n'avoient guères plus de cinquante pieds, quoiqu'elles ne fussent pas d'un seul bloc. Celles que l'on voit à Rome à *Campo Vaccino* & au *Forum* de Nerva sont plus courtes. Elles sont néanmoins de plusieurs tronçons, & décorant des places publiques, il étoit naturel qu'elles eussent de plus fortes proportions.

Mais peut-être plaçoit-on plusieurs ordres l'un sur l'autre ? Je conviens qu'on les trouvoit dans quelques Temples de la Grèce. Pausanias n'en cite que deux ou trois. Cette observation de la part d'un Voyageur exact & attentif est presqu'une preuve convaincante, que le double ordre étoit très-rare. Vitruve ne le donne qu'à l'*Hypætre* ; & quoiqu'il assigne cette forme aux Temples consacrés à Jupiter, au Ciel, au Soleil, il s'en faut beaucoup qu'elle fût la seule employée. Quand elle l'eût été, elle ne prouveroit rien. Qu'étoit-ce qu'un Temple Hypætre ? un espace plus ou moins grand de terrein, entouré d'un portique double en hauteur dans l'intérieur, double ou simple en largeur à l'extérieur ; sans voûte, sans plafond, sans toît, exposé à toutes les injures de l'air. Que l'on réduise en quarré-long la colonnade de l'Hôtel de Soubise ; qu'on ajoute un second ordre sur celui qui existe ; qu'en-dehors on forme tout autour un nouveau portique, dont les colonnes aient une longueur suffisante pour rendre à-peu-près commun l'entablement de l'intérieur & de l'extérieur ; qu'aux deux extrémités on laisse l'entrée libre, qu'au milieu on place une Statue du Soleil, & l'on aura un vrai Temple Hypætre. Mais un pareil édifice sort de l'analogie ordinaire, & on pourroit lui donner encore deux fois plus d'étendue que n'en a cette cour, sans qu'elle infirmât beaucoup ma conjecture.

Dès que la difficulté de jetter une voûte n'arrête plus, on peut embrasser en long & en large autant de terrein que l'on veut.

Il seroit au moins bien difficile de nous prouver que les portiques extérieurs des anciens Temples aient eu un double ordre ; & j'en conclurois que le double ordre intérieur, en le supposant plus commun qu'il ne l'étoit, n'ajoutoit rien par lui-même à l'élévation de l'édifice, n'étendoit conséquemment aucune des autres dimensions relatives à la hauteur. Cette hauteur étoit déterminée par la longueur des colonnes extérieures dont il n'y avoit qu'un seul ordre ; le mur qui formoit la *Cella*, ne s'élevoit pas au-dessus de leur entablement, comme celui de la grande nef s'élève au-dessus des bas - côtés dans nos Eglises, & par cette raison a besoin de contreforts ou d'arcs-boutans.

Il en résulte donc, que l'entablement pouvoit tout au plus être commun au double ordre intérieur, & à l'ordre simple extérieur si l'édifice avoit un plafond ; mais que l'entablement intérieur devoit se tenir beaucoup plus bas que l'extérieur, si la *Cella* avoit une voûte ; & la raison

en eſt claire. La *Cella* ayant dans ſes différentes faces beaucoup moins de longueur
& de largeur , que l'ordre qui l'entou-
roit au-dehors , on ne pouvoit faire porter la voûte par un entablement commun,
ſans donner à cette voûte une élévation
diſproportionnée , ſans rendre l'angle ſupérieur du fronton extrêmement aigu ,
parce que chez les Anciens , les deux lignes rampantes du fronton avoient la
même inclinaiſon que le toit. Un coup-
d'œil ſur le Temple de Balbec rendra
ſenſible ce que je dis ici. Cet édifice eſt
voûté ; il a un ordre de colonnes dans
l'intérieur , ces colonnes ont des piédeſ-
taux , & cependant le ſommet de la voûte
ne s'élève pas au-deſſus de la friſe des portiques extérieurs. Dans ce monument , la
voûte ne pouvant monter plus haut , un
double ordre eût été meſquin. Ce qui me
perſuade qu'on n'en employoit jamais
qu'un dans l'intérieur des Temples voûtés,
& que l'Hypætre ſeul en avoit deux.

Je vois ce qui frappe encore , & met
en jeu notre imagination, quand on nous
parle des anciens Temples : c'eſt la pro-
digieuſe quantité de colonnes dont quelques-uns ſont décorés. Comment ne pas

croire extrêmement vastes des édifices qu'on nous peint soutenus de cent , de deux cents colonnes? Nous avons vu des Eglises gothiques où il n'y avoit que quarante, cinquante piliers , & dans lesquelles on se perdoit ; qu'étoit-ce donc que des Temples où l'on comptoit le double , & le triple de colonnes ? L'erreur de l'imagination vient de ce qu'elle place dans le corps du Temple , ou la *Cella* , ce qui en étoit hors. Il faut donc remarquer qu'en général cette *Cella* , étoit ce qui occupoit le moins les Architectes ; ils n'y pensoient qu'après avoir ordonné & distribué l'extérieur. Parce que c'étoit-là que devoit éclater le génie , le goût & la magnificence. Pour eux il ne s'agissoit pas , quand on leur demandoit du grand, de sçavoir combien ils donneroient en long & en large à l'espace entouré de murailles où l'on devoit placer les Dieux ; mais ils délibéroient , si les murailles supposées , ils feroient un (1) *Décastyle* , ou un

---

(1) *Décastyle* , portique d'entrée de dix colonnes de face. *Hexastyle* , portique de six colonnes.

Hexaftyle, s'ils formeroient des portiques de cent vingt colonnes , comme ceux du Panthéon d'Adrien , ou feulement de trente - fix , comme ceux du Temple de Théfée. Le premier article une fois réglé, l'efpacement des colonnes enfuite déter- miné , les Architectes fongeoient à la *Cella*. Ils en fixoient la longueur & la lar- geur fur le nombre des colonnes de face & de celles des ailes. Ce nombre feul donnoit au Temple fa dénomination & fon caractère. Il y a plus , c'eft que les dimenfions de la *Cella* fe refferroient re- lativement au refte , à proportion que le nombre des colonnes extérieures augmen- toit. Par-tout où je vois dans les ruines des monumens de la Grèce , un *Octoftyle* feulement *périptère*, je trouve la largeur de la *Cella* égale à fix des colonnes de face , les entre-colonnemens compris. Au con- traire , dans l'*octoftyle diptère* ou *pfeudodip- tère* , la largeur de la *Cella* ne répond qu'à quatre des colonnes de face , & c'eft auffi la règle de Vitruve.

Or, à moins de fuppofer aux colonnes de tous les Temples un diamètre énorme ; tel que l'avoient celles du Temple de Cyzique, qui d'ailleurs étoit un *Dodécaftyle* (1), ordonnance très-rare ; dès que des huit colonnes de face, on n'en prendra que quatre pour la largeur de la *Cella*, treize ou quinze pour la longueur, les Grecs fur-tout aimant le *Pygnoftyle*, j'ai peine à croire qu'on faffe jamais un corps de bâtiment capable de contenir à l'aife deux cens perfonnes, avec les Autels, les Statues, &c. encore moins, s'il y a un ordre intérieur.

Ce que je viens de dire regarde les Temples dont la forme étoit un quarré-long, & c'étoit la plus ufitée. Il y avoit d'autres règles, mais peu, pour les Temples fphériques. Les uns étoient entourés de colonnes à l'extérieur, & n'avoient point de portiques en avant-corps ; tels font à Rome & à Tivoli les anciens Temples de Vefta. Les autres avoient un portique en avant-corps, fans en avoir autour de la *Cella*, & tel eft encore à Rome le Panthéon, le plus vafte monument de cette forme que les Anciens aient peut-être

______

(1) *Dodécaftyle*, portique de douze colonnes de face.

jamais conſtruit. Vitruve ne dit rien des Temples de cette dernière eſpèce. A ceux de la première, il veut que l'on donne de diamètre la longueur de la colonne, compris le chapiteau & le piédeſtal. Avec cela on ne fera jamais rien de bien grand. Auſſi les Temples ſphériques étoient-ils ordinairement très-petits.

ARTICLE IV.

IL me reste à citer quelques Temples
des Anciens, qui fassent juger du peu
d'étendue de ces édifices. Le Temple de Jupiter Olympien d'Athènes me fournit le premier exemple. Selon M. Le Roi, la *Cella*
avoit dans œuvre un peu plus de six toises
de large, & de long un peu plus de seize.
Voilà donc à quoi se réduit un édifice
dont on dit : qu'il avoit plus de quatre
stades de circuit ; & il faut remarquer qu'il
étoit *Hypætre*. Le Panthéon d'Adrien avoit
trente toises de long, moins de quatorze
de large. Pausanias donne au Temple de
Jupiter à Olympie soixante & huit pieds
de haut, deux cens trente de long, qua-
tre-vingt-quinze de large. Sur la longueur
& la largeur, il faut retrancher les portiques dont le Temple étoit environné.
Avec ces dimensions, il égalera tout au
plus le grand nombre des Eglises de Rome
& de Paris, d'une Architecture Grecque
construites depuis deux siècles, & restera
fort au dessous de nos Cathédrales gothi-

TEMPLES
DU PAGA-
NISME.

Temple
de Jupiter
à Olym-
pie.

ques. Je ne parlerai point du Temple de
Diane à Ephèse, parce qu'il eſt aſſez connu , & parce que la Déeſſe elle-même
aida l'Architecte Ctéſiphon dans la conſtruction du portique: cette fable auſſi-bien
que la fable de l'eſcalier de quatre-vingt
marches pratiqué dans un ſeul ſep de vi-
gne , me rendent ſuſpecte une partie des
merveilles qu'on raconte de ce monument. Je ne dirai rien non plus du Temple de Cyzique , que M. le Comte de Cay-
lus a aſſez fait connoître. Paſſons de la
Grèce à Rome pour y examiner le fameux Temple de la Paix conſtruit par
Veſpaſien. Cet édifice étoit vraiment
grand ; & ſi le bon goût de l'Architecture
eût répondu à ſa capacité & à ſa richeſſe , Athènes n'en auroit point eu
qu'on pût lui comparer. Mais l'Architecte
en voulant faire du neuf, mit beaucoup
de hardieſſe dans ſon ouvrage , & lui donna peu de graces. Il n'y a perſonne qui ,
à la vue de ce qui en ſubſiſte , n'en porte
ce jugement , lequel eſt celui des Maîtres
de l'Art. Sa longueur de 314 pieds , ſans
y comprendre le portique d'entrée , car il
n'en avoit point d'autre ; ſa largueur de
250 , priſe du fond d'une arcade à l'autre ,

le mettent évidemment au-deſſus de toutes nos Egliſes modernes de France &
d'Italie, excepté Saint-Pierre de Rome,
mais elles ne l'égalent point encore à toutes nos grandes Egliſes gothiques.

Après ce peu de mots ſur ſes principales dimenſions, me permettra-t-on quelques réflexions ſur ſon Architecture? j'o-
ferai à cet égard plus que n'oſent nos Architectes eux-mêmes, quand ils nous dé-
crivent les anciens monumens. Ils ſe bornent trop ſouvent a en donner ſèche-
ment les plans au lieu d'y joindre encore
d'utiles remarques ſur leur compoſition,
leurs beautés, leurs défauts. Ce n'eſt ſervir qu'à moitié les Elèves, que de leur
préſenter un élégant chapiteau, un riche
entablement antique, ſi on ne leur dit,
ſi on ne leur montre pas, que ces morceaux étoient bien ou mal aſſortis. Au
reſte, ce ſeroit un préjugé auſſi funeſ-
te aux Arts qu'aux Lettres, de croire
que les Anciens ne ſe ſont jamais trom-
pés. C'en ſeroit un autre, de trouver mauvais qu'on relevât leurs erreurs. Une partie du mérite des Artiſtes modernes doit
être de ſçavoir bien apprécier l'antique,
& jamais ils ne donneront de leçons plus

utiles, que quand ils découvriront en quoi ont manqué les plus grands hommes.

Nous ne conftruifons point nos Eglifes comme les Anciens conftruifoient leurs Temples. . . . Qu'importe ? il y a des principes applicables à toutes les formes, indépendans de tous les ufages, & il eft peu d'édifices confidérables, où ils n'aient lieu. Nous importe - t - il beaucoup de fçavoir que tel monument antique avoit cent pieds de long ou de large, fi l'on ne nous apprend pas en même-tems, que les autres dimenfions particulières avoient de la proportion, ou ne s'accordoient point avec celles-là ; fi l'on ne nous met pas en état de conclure, que le monument étoit de bon ou de mauvais goût ; qu'il mérite ou non, d'être imité ? Aujourd'hui furtout que nos conftructions à la Grecque paroiffent vouloir s'aggrandir & s'annoblir, il eft plus néceffaire que jamais de bien analyfer les anciens édifices que le tems a épargnés.

Ce que j'eftime particulièrement dans l'ouvrage de M. Le Roi, & ce qui doit fans doute paroître eftimable aux Amateurs de l'Architecture, c'eft cette fuite d'obfervations fur les changemens qu'ont éprouvés les différens ordres dans la longueur de leurs colonnes. Serlio , Palladio , Scamozzi , &c. nous ont dit que les Doriens avoient inventé le *Dorique* , les Ioniens l'*Ionique* , &c. & d'autres chofes auffi vagues; mais aucun d'eux ne nous a montré les différens degrés d'élégance produits par la différence des proportions données aux colonnes; enforte que d'après eux nous ne pouvons juger fi les édifices où étoit employée la grande Architecture , avoient plus de légéreté avant Périclès que dans fon fiècle ; chez les Grecs que chez les Romains. Ils ne nous difent rien qui nous fixe fur le plus ou le moins de goût d'une Nation comparée à une autre. Les recherches de M. Le Roi, très-précieufes à d'autres égards , le font encore par les lumières qu'elles fourniffent fur l'hiftoire de l'Architecture. D'ailleurs , combien d'Elèves qui avec du génie & de l'ardeur, n'ayant ni les occafions ni les moyens de voyager , ont befoin qu'on les aide par des defcriptions bien raifonnées des anciens monumens? C'eft par la même raifon , que l'on doit regarder l'*Architecture Françoife* de M. Blondel comme une des meilleures productions de notre siècle. Mais j'oublie que j'ai à parler de la structure du Temple de la Paix.

Qu'on se figure une longueur de 324 pieds distribuée en trois arcades seulement de chaque côté, & ne présentant que huit colonnes dans un si grand espace. Les trois arcades de la droite subsistent encore en entier. Elles sont d'un aspect terrible, d'une pésanteur qui ne diminueroit pas de beaucoup, quand on abaisseroit à son ancien niveau le terrein qui cache aujourd'hui environ quinze pieds des *pied-droits*. A ces pied-droits étoient appuyées les huit colonnes. Quoiqu'elles eussent chacune quarante-huit pieds trois pouces de fût, leur chapiteau ne s'élevoit guères au-dessus de l'imposte (1) des arcades, dont le sommet étoit au niveau de la corniche de l'entablement. Cet entablement ne régnoit point dans tout le pourtour du Temple : chaque colonne

----

(1) L'imposte est dans le pied-droit ou jambage d'une arcade, la partie où commence la voussure, laquelle est séparée du pied-droit par quelques membres d'Architecture analogues à l'ordre. C'est cette espèce de chapiteau que l'on nomme *Imposte*.

en avoit la portion preſcrite par les règles, mais iſolée à droite & à gauche, ne
tenant abſolument à rien ; ce qui en rendoit la ſaillie lourde & effrayante, comme celle de tout entablement reſſauté.

La voûte ne devoit point paroître plus
légère, vu ſon immenſe largeur, ou plutôt l'eſpacement des colonnes qui aidoient
à la porter. Elle étoit de celles que l'on
nomme *voûtes à arrêtes*, ou *voûtes de Cloître*.
Mais ces voûtes, pour avoir de la légéreté, demandent une largeur médiocre,
ou au moins des colonnes multipliées à
proportion de la longueur du bâtiment.
Par exemple, les Architectes de nos anciennes Cathédrales, ces *Maîtres Maçons*
en qui on reconnoît tant de hardieſſe &
ſi peu de goût, ayant à voûter de cette
manière, qui fut très-ſouvent la leur, le
Temple de la Paix, au lieu de trois arcades y en auroient ménagé ſix de chaque
côté, & au lieu de quatre colonnes en
auroient demandé ſept. La voûte diviſée
en plus de petites parties, en formant
autant de croix qu'il y avoit de doubles
arcades, auroit été plus *ſvelte* ; les colonnes ſur leſquelles elle auroit pris naiſſance, auroient montré une force propor-

tionnée au poids qu'elles foutenoient, &
l'imagination n'eût point eu à fouffrir
d'une voûte énorme dont les foutiens
étoient trop rares, & paroiffoient évidemment trop foibles.

Venons au portique. Il étoit de 240
pieds de face, & n'avoit que huit colonnes, d'où réfultoit un *Aréoftyle* (1) des
plus outrés. L'Auteur de l'*Antiquité expli-*
quée fait dire à Serlio que ces colonnes
avoient huit pieds neuf pouces de diamètre : 1°. Serlio parle des colonnes de l'intérieur du Temple, & ne dit pas un mot de
celles du portique : 2°. La colonne qui eft
aujourd'hui devant Sainte-Marie-Majeure,
& qui porte une Statue de la Sainte-Vierge,
a été tirée par Paul V du Temple de la Paix
& non pas du portique, comme le dit encore l'Auteur de l'*Antiquité expliquée*. Or cette
colonne n'ayant de fût que quarante-huit
pieds trois pouces, ne peut pas avoir de
diamètre huit pieds neuf pouces. Palladio
ne lui donne que cinq pieds quatre pouces,

---

(1) *Aréoftyle*, ordonnance dont l'entre-colonnement étoit de quatre diamètres.

ce

ce qui rentre dans la proportion Corinthienne de la colonne.

Avant de quitter ce portique, il eſt bon
de remarquer que les Médailles ne lui donnent que ſix colonnes, que Serlio lui en
donne huit, & Palladio dix. Outre cela,
Serlio couple les colonnes & les appuie
contre un mur. Palladio fait un *Aréoſtyle*;
& comme les colonnes, malgré les pié-
deſtaux qu'il leur prête, ſont encore trop
courtes, eu égard à l'élévation du comble, il imagine un interminable fronton,
dont les corniches rampantes ſont inter-
rompues dans le milieu par le tympan qui
les coupe perpendiculairement, s'élève
au-deſſus, & eſt couronné par un fronton plus petit. Je ne parle pas des autres
différences conſidérables qui ſe trouvent
entre les plans de Serlio & de Palladio.
Tous deux ont peut-être travaillé d'imagination.

Ce que je viens de dire de l'ordonnance
de cet édifice ne donne pas une idée bien
avantageuſe de ſon Architecture; mais
c'étoit en fait de Temples, ce qu'il y
avoit de plus grand à Rome. Le Panthéon

tenoit la seconde place , & le Temple de Jupiter Capitolin la troisième Tout le reste étoit petit , & ne devoit frapper que par la richesse de la décoration , la beauté & la rareté des marbres , &c.

De tout ceci conclura-t-on , que nos Architectes qui construisent de grandes Eglises , l'emportent sur les Anciens qui ne construisoient que de petits Temples ? Ce seroit mal conclure s'il est vrai qu'en Architecture les grandes , les riches compositions n'appartiennent qu'au génie ; pour placer les Artistes du Christianisme au-dessus de ceux du Paganisme , il faudroit oublier que ceux-ci construisirent des Théâtres , des Thermes , dont l'étendue , la distribution , la hardiesse étonnent encore aujourd'hui ceux qui n'en voient que les ruines. Il faudroit ignorer qu'une seule salle des Thermes de Dioclétien est devenue entre les mains de Michel-Ange une des plus vastes Eglises de Rome : ce ne fut donc point la timidité qui arrêta les anciens Architectes , quand ils ne firent que de petits Temples. L'usage seul régla leurs plans , & dirigea leurs opérations. Il étoit établi que les monumens consacrés aux Dieux n'auroient qu'une capacité médiocre ; l'habileté ne confiftoit donc point à faire du vafte que l'on ne vouloit pas, mais à donner à ce que l'on faifoit la grandeur qui lui convenoit. Michel-Ange qui ne fut que le reftaurateur des Thermes de Dioclétien, auroit pu en être l'Architecte douze fiècles plutôt ; & douze fiècles plus tard, celui qui conftruifit ces Thermes, eût conftruit la Bafilique de Saint-Pierre.

Nous n'avons guères que nos édifices facrés à mettre vis-à-vis des grandes conftructions antiques, mais ils nous fuffifent pour apprécier au jufte les talens de nos jours & ceux des fiècles paffés. Comparons ces talens dans les ouvrages qu'ils ont produits, & qui les ont rendu célèbres ; faifons abftraction du goût règnant, & des formes en ufage dans les différens tems, nous eftimerons à coup sûr les uns & les autres ; nous n'exclurons pas de nos éloges, même les Architectes qui ont travaillé en gothiques ; il ne nous arrivera pas d'affigner des préférences générales & odieufes, qui n'infpirent que la préfomption ou le découragement.

D 2

Deux Etrangers examinent les beautés antiques & modernes de Rome. L'un est aux pieds du Colisée, tandis que l'autre est à Saint-Pierre. Le premier, frappé des majestueuses ruines qu'il a sous les yeux, dit en soupirant : *Oh ! que les anciens Architectes étoient de Grands Hommes en comparaison des nôtres !* Le second, perdu dans l'immense Basilique du Vatican, s'écrie avec transport : *Non, les Anciens ne nous valoient pas ! .....* Ces deux hommes, s'ils sont François, feroient gens à se battre, ou à dépenser des rames entières de papier, des tonneaux d'encre pour soutenir leur fanatique assertion ; & bien appréciée à quoi se réduit-elle ? A ceci précisément : sçavoir, que les Anciens ne construisoient point des Églises de Saint-Pierre, & que nous ne construisons point d'Amphithéâtres. Notre siècle a des hommes de génie comme en eurent les beaux siècles d'Athènes & de Rome ; il ne s'agit que de vouloir les connoître, & leur fournir l'occasion de se signaler. Perrault, Blondel n'étoient ni Grecs, ni Romains ; ils n'ont fait ni des Propylées ni un Panthéon ; mais ils ont fait la colonnade du

Louvre, & la Porte Saint-Denis. Nous tenons encore à ces Grands Hommes, leur tems est le nôtre ; ils existent même au milieu de nous sous d'autres noms.

Je ne dis plus qu'un mot sur les anciens Temples. D'où naissoit donc ce coup d'œil frappant qu'ils présentoient, si on leur ôte la grandeur, puisque, tout étant égal du reste, cette grandeur décide toujours la préférence en faveur des édifices où elle se trouve ; & excite la première admiration des curieux. Je l'ai insinué ailleurs, & je ne crains pas de le déclarer ici ouvertement, en faisant remarquer néanmoins qu'à présent j'envisage la *Cella* avec tous ses accompagnemens extérieurs. Ce frappant naissoit de cette multitude de colonnes presque toujours de marbre qui formoient les portiques, de leur belle disposition, de leurs proportions élégantes ou mâles, du repos majestueux d'un entablement régnant tout autour de l'édifice, orné de toutes les richesses de la Sculpture, ou annonçant quelque chose de fier dans sa simplicité même.

C'est vis-à-vis de la colonnade du Louvre, de celles de la Place de Louis XV, du portique de la nouvelle Eglise de Sainte-Géneviève, c'est au milieu de la Place Saint-Pierre à Rome qu'il faut apprendre à assigner leur véritable prix aux colonnes & aux pilastres. Les Romains me le pardonneront, s'ils veulent, mais je n'en avancerai pas moins que la colonnade du Bernin fait tort à la façade de Saint-Pierre construite par Maderne : il est fâcheux pour celui-ci qu'en sortant d'un portique à quatre rangs de colonnes au nombre de près de trois cens, on aille aboutir à un frontispice qui n'en a en tout que huit engagées dans des niches; qui est armé de pilastres, hérissé de balcons, terminé par une espèce d'attique qui n'a point de nom dans l'antiquité, dit le Chevalier Fontana.

Ce qui donnoit encore de la majesté aux anciens Temples, c'étoit l'élévation de leur sol au-dessus du terrein qui les environnoit, c'étoient ces escaliers de cinq, sept, neuf marches qui régnant tout autour, leur servoient de base, & conduisoient aux portiques ; c'étoit cet espace, qui séparant toujours un édifice sacré

de tout édifice profane , laiffoit appercevoir de toutes parts fa ftructure ; fa forme , fes ornemens ; c'étoit cette foule de
Statues de bronze & de marbre qui décoroient les avenues , & l'intérieur des portiques ; ces plafonds ornés de riches
peintures , de métaux précieux ; ces combles couverts de bronze doré , ces group-
pes allégoriques pofés en amortiffement
fur les frontons : ici une victoire pouf-
fant un quadrige qui femble voler fur
des nues légerement amoncelées ; là une
Junon dans un char tiré par des paons
qui s'élancent dans le vague de l'air ; ailleurs un Hercule aux prifes avec quelque
monftre , &c. De tout cela il réfultoit
une maffe grave fans péfanteur , élevée
fans avoir rien de gigantefque , riche par
fes foutiens mêmes les plus néceffaires
qui fe changeoient en ornemens ; débar-
raffée de ces larges pièces de maçonnerie
qui forment aujourd'hui l'enceinte de nos
Eglifes , & qu'il eft fi difficile de décorer , lorfqu'on ne peut pas les cacher par
des colonnes. Ces belles compofitions
mifes fous nos yeux par la gravure nous
étonnent & nous charment ; quel effet

D 4

ne devoient-elles point avoir pour ceux qui les voyoient en marbre?

LE

PANTHÉON.

ARTICLE PREMIER.

Degré de Confidération dûe aux anciens monumens qui ont befoin d'être réparés.

LA Science de l'Antiquité, l'eftime pour les monumens qui nous en reftent, de quelque efpèce qu'ils foient, la curiofité de s'inftruire des révolutions & des changemens qu'ils ont éprouvés, ne peut paroître futile qu'à ceux qui ne fçavent rien, ou qui n'aiment rien. Les vrais hommes de Lettres, les Amateurs éclairés, en général tous ceux qui ont l'âme un peu fenfible aux beautés propres des Arts, s'intérefferont toujours à ce qui peut leur en développer l'hiftoire, conferver le fouvenir des peuples qui les ont cultivés, & fournir aux Modernes les moyens d'égaler les anciens Artiftes. Mais il ne faut pas de fanatifme ; il gâte le zèle le plus légitime, & s'il y a un peu d'honneur à fçavoir eftimer les belles chofes, il y a auffi un peu de ridicule à les eftimer plus qu'elles ne valent, fur-tout à vouloir faire paffer dans les autres l'enthoufiafme dont on eft foi-même faifi. En fait de goûts, il n'en eft peut-être aucun qui demande plus de réferve & de critique, que celui qui a pour objet les monumens de l'Antiquité: tout ce qui porte en Sculpture & en Architecture le nom de Grec ou de Romain frappe noblement l'imagination, & infpire de grandes idées. Dès-lors, à moins qu'on ne foit en garde contre le préjugé, on fe monte fur un ton de refpect qui approche de l'adoration, vis-à-vis des ruines d'édifices les plus informes & du plus petit fragment de bas-reliefs: A plus

forte raifon, un Temple encore entier,
un morceau de Sculpture bien confervé,
font-ils capables d'enthoufiafmer, de ravir
hors d'elle-même une âme plus vive que
fage.

Mais tout ce qui eft antique eft-il donc
excellent ? Tous les Artiftes des beaux fiècles d'Athènes & de Rome n'ont-ils produit que des chef-d'œuvres ? On ne peut le
penfer & le dire que dans la vue d'humi-
lier gratuitement nos Sculpteurs & nos
Architectes, fans montrer une connoiffance très-bornée des anciens monumens.
Dans tous les tems, dans tous les pays il
y a eu des talens médiocres. Il eft à croire
que tandis que le Sculpteur Diogènes travailloit pour Agrippa, des Artiftes moins
célèbres fervoient le luxe du petit Bourgeois de Rome. On y trouvoit fans doute,
comme aujourd'hui fur nos boulevards,
des magafins de *Godenots* à choifir. Les
Barbares, en fuppofant qu'ils aient fait
tout le mal qu'on leur reproche, n'ont
point détruit précifément le mauvais,
pour ne nous laiffer que du bon. La vérité eft, que ce que l'on appelle le parfait
antique eft plus rare à Rome qu'on ne
fe l'imagine ; & qu'à l'exception de ces

morceaux de sculpture dont l'excellence & la réputation sont consacrées par le jugement des bons connoisseurs, tout le reste est fort au-dessous de ce qu'ont fait de beau Michel-Ange, l'Algarde, le Bernin, Puget, le Gros, Coustoux, &c.

Combien de gens néanmoins sont tellement prévenus en faveur de tout ce qui porte le nom d'Antique, qu'à peine daignent-ils donner un coup-d'œil aux chef-d'œuvres des meilleurs Artistes de nos jours, à des morceaux au bas desquels & Phydias, & Praxitèle, & Lysippe n'auroient point balancé de graver leurs noms ; tandis qu'ils se pâment vis-à-vis d'une Statue tronquée ; qu'ils ne passent pas devant Pasquin sans l'admirer, quoique Pasquin n'ait ni bras, ni jambes, ni nez, ni oreilles. Le Bernin, dit-on, regardoit ce reste de Statue comme le meilleur morceau de Rome. Je réponds, ou que le Bernin plaisantoit, ou qu'en habile Sculpteur, il jugeoit par ce qui subsiste de cette figure de la bonté de ce qui n'existe plus. Il parloit de la Statue entière telle qu'il se la-représentoit , & non pas du fragment qu'il avoit sous les yeux. Mais tous les adorateurs de l'Antique ne sont pas des Bernins ;

bien peu vont au-delà de ce qu'ils voient, & font en état, comme Pythagore, de donner les proportions d'Hercule d'après la mefure de fon pied.

Mais en accordant à un fragment tel que Pafquin, car il peut ici me fervir d'exemple, en lui accordant toute la perfection imaginable, méritcroit-il d'obtenir dans la gallerie d'un curieux la place de préférence fur une Statue moderne, d'un deffin moins correct, je le veux, mais entière & d'un bon travail? Il évident que la lui accorder, ce feroit faire à l'antique plus d'honneur qu'il ne lui en eft dû. Qu'à la tête de tous les morceaux de Sculpture qui exiftent en Europe, on place le Laocoon, l'Antinoüis, l'Apollon du Vatican, le Gladiateur de Borghèfe, le Gladiateur mourant, le Bachus du Capitole, l'Hercule Farnèfe, &c. C'eft affurément le goût & la juftice qui préfideroit à cet ordre, parce que le mérite de ces morceaux n'eft pas précifément d'être antiques, mais d'être réellement des chef-d'œuvres. D'ailleurs, prefque tous font auffi-bien confervés qu'ils peuvent l'être, nouveau titre qui exclut toute rivalité. Mais que l'on faffe defcendre de leurs piédeftaux nos meil-

leures Statues modernes, pour y faire monter une Veſtale, ou un Conſul trouvé à
dix pieds ſous terre, & à qui il aura fallu
ajouter des bras & des jambes, la moitié
du viſage pour leur donner une figure hu-
maine, n'eſt-ce pas être dupe de ſon imagination, & faire parade d'un goût tout
au moins puérile?

Cette manie de l'Antique dans des Amateurs ordinaires, qui ne peuvent l'afficher
que par des exclamations étudiées, & de
faux éloges, ne tire point à conſéquence
pour le moderne, mais elle a de funeſ-
tes effets, quand un *Virtuoſe* de diſtinc-
tion, riche & magnifique montre de la
paſſion pour l'Antique, & que l'antiquité
eſt la première, la principale qualité qu'il
recherche dans une Statue. On ſent combien cette aveugle prédilection doit nuire
aux progrès de la Sculpture. Les Artiſtes
n'apportent d'attention, n'ont de conſtance à perfectionner leurs ouvrages,
qu'à proportion de l'eſtime que l'on en
fait, & de la gloire qu'ils en attendent.
Mais peuvent-ils l'avoir, cette conſtance,
quand ils ſçavent que le plus foible morceau décoré du nom impoſant d'Antique
l'emportera ſur les productions les plus

foignées & les plus parfaites de leur cifeau? Ils fe découragent & n'entrepren-
nent rien de génie. Efclaves de la bifarre-
rie d'un grand Seigneur , & pour ne pas
facrifier en même - tems leur fortune &
leur gloire , ils bornent leurs talens &
confacrent leur adreffe à rapiècer de viles
anticailles , bonnes tout au plus à broyer
pour en tirer du ftuc. On les voit donc
fe peiner autour d'un tronçon de Dieux ou
de Héros. Déconcertés par des contours
altérés , par des lambeaux de draperies à
moitié ruinées, ils font réduits à deviner
le deffin de l'ancien Sculpteur , à modè-
ler vingt fois les mêmes membres ; &
après tant d'ignobles fatigues , il ne fort
prefque jamais de leurs mains que des
figures roides , difloquées , fans proportion & fans grace , à qui on donne
le nom d'Antiques , quoiqu'il y entre d'al-
liage trois quarts & demi de moderne (1).

____

(1) La *Villa Albani*, quoique charmante à tous
égards, eft pleine de cette efpèce de fauffe monnoie.
Je puis en parler avec certitude ; parce qu'il ne s'y
trouve prefque pas une pièce que je n'aie vu fabri-
quer.

Voilà à quelle efpèce de travail font au jourd'hui livrés plufieurs Sculpteurs de Rome. J'ofe même dire, que s'il n'y avoit point eu d'Eglifes à orner dans cette grande Ville, il fe feroit formé moins de bons Sculpteurs parmi fes habitans que parmi les Etrangers qui vont y étudier l'Antique. La raifon eft, que ceux-ci, en retournant dans leur patrie, trouvent les occafions d'exercer leurs talens. En France, en Allemagne, en Angleterre on n'a point cette foule de Statues bonnes ou mauvaifes dont Rome eft remplie. Les Princes qui veulent décorer leurs palais & leurs jardins font forcés de recourir au moderne. Les Artiftes font donc employés, & l'art fe foutient ou fe perfectionne. A Rome au contraire, riches des dépouilles des Grecs & des anciens Romains, les Seigneurs ne penfent feulement pas à mettre en œuvre les talens que fournit le fiècle préfent. Une maifon de campagne paroît fuperbement ornée, quand on a pu y entaffer de vieux buftes, des Statues coufues de fer & couvertes de mouffe ; les morceaux rares font dans les appartemens. Rome a fans doute produit de grands Maîtres en Sculpture ; mais font-ils en

auffi

auſſi grand nombre qu'ils auroient dû l'ê-
tre, dans une Ville où le génie trouvoit
tant de reſſources? Parmi cette foule d'Artiſtes qui y ont manié le ciſeau, aſſez peu
s'y ſont acquis une célébrité univerſelle.
Cette réputation qu'eurent autrefois dans
la Grèce, & qu'ont encore aujourd'hui
chez tous les peuples Phidias, Praxitèle,
Lyſippe, Scopas, Myron, &c. Michel-Ange, l'Algarde, le Bernin, Du Queſnoy,
dit le Flamand, le Gros; voilà à-peu-près
ceux dont le nom pique la curioſité, &
dont l'étranger demande d'abord à voir
les ouvrages. Encore ne placé-je ces fameux Artiſtes au nombre des Romains,
que parce qu'ils ont paſſé preſque toute
leur vie à Rome. Aucun d'eux n'y étoit
né.

Ces hommes célèbres furent heureux,
que de leur tems on fût à Rome dans le
goût de décorer richement l'intérieur des
Temples, & que les Cardinaux n'euſſent
pas la liberté de teſter (1). L'antique ne

------

(1) Benoît XIV la leur a accordée; & c'eſt depuis ce tems-là qu'on n'a plus vu remoderner d'an-

pouvant avoir place dans des édifices consacrés à la Religion , il falloit de néceffité
faire travailler les Sculpteurs modernes ;
mais ceux qui les ont fuivis ont trouvé
tout fait pour le facré , n'ont vû aucune eftime pour le profane , & faute
d'exercice , ils font reftés dans la médio-
crité. Perfonne ne s'offenfera fans doute
qu'à un morceau de Sculpture excellent ,
& à-peu-près entier on ajoute un bras,
une lyre , une maffue , s'il ne faut que
cette légère réparation , pour lui rendre
toute fa grace , & effacer les injures du
tems. Ainfi Bandinelli reftitua avec fuccès
au Laocoon la moitié du bras droit qui
manquoit , & faifoit perdre à cet admirable groupe une partie de fon effet ; mais
j'imagine que perfonne n'approuvera cette
eftime outrée de l'antique, qui condamne
d'habiles Artiftes à reftaurer les morceaux
les plus médiocres , & les plus maltraités.

On peut appliquer à l'Architecture ce

---

ciennes Eglifes à Rome, qu'on n'en a point conftruit de nouvelles , & que celles qui étoient com-
mencées avant cette époque attendent des frontif-
pices.

que je viens de dire de la Sculpture. Les
reftes d'édifices antiques, pour peu qu'ils
aient encore une forme diftincte, & fur-
tout s'ils font feuls de leur efpèce, méritent la plus grande attention, le zèle le
plus vigilant, pour que nous ne perdions
pas toute idée de la façon de bâtir des
Anciens. Mais, encore une fois, ce zèle
ne doit pas dégénérer en manie; il ne
faut point fonner l'allarme, fi l'autorité
publique fait abattre un pan de mur qui
fut autrefois du palais d'Augufte, mais
qui aujourd'hui ne tient à rien, & me-
nace d'écrafer par fa chûte l'Amateur ex-
tatique qui le contemple; fi à un chapiteau Corinthien dégradé, on en fubftitue
un autre, qui donne de la grace à la colonne & faffe difparoître une difformité
choquante. Mais ce chapiteau difforme,
nous crie-t-on, eft antique, il eft du tems
de Vitruve ou d'Appollodore..........
Eh bien! parce qu'il étoit beau au tems
de Vitruve, faudra-t-il le laiffer fubfifter,
quoiqu'il dépare aujourd'hui tout un corps
d'Architecture? En le remplaçant par un
autre, change-t-on quelque chofe dans la
forme & l'ordonnance de l'édifice? Vaut-

il mieux laisser tomber , pièce par pièce , &
colonne & entablement , & voûte , pour
goûter le prétendu plaisir d'avoir toujours
du pur antique , plutôt que de prévenir
la ruine totale du monument en lui prê-
tant le secours d'un travail moderne ? Nos
descendans n'auroient-ils pas à se plaindre
de nous , si par un respect puérile pour
d'anciens édifices , nous les privions du
plaisir de contempler eux-mêmes des morceaux que nos soins auroient dû faire
passer jusqu'à eux ? Je conçois qu'en réparant ainsi successivement les différentes
parties d'un édifice , l'antique pourra enfin
disparoître entièrement ; mais , après tout ,
on n'y perdra que de la brique , que de la
pierre antique. La même composition ; la
même distribution subsisteront toujours ,
& je crois que c'est ce qui doit le plus
intéresser un homme de goût. La négli-
gence à réparer exposeroit à voir périr
tôt ou tard & forme & matière (1).

---

(1) Ce que l'on pourroit regarder comme un cri-
me de *lèze-antique* , c'est ce que fit le Borromini ,
quand il moderna , sous Innocent X , la Nef de Saint-

Si à la renaissance des Arts on eût eu à Rome autant d'attention à conserver les anciens monumens, qu'on en eut à saisir leurs proportions, on verroit sur pied une multitude d'édifices que l'ignorance & l'intérêt ont annéantis. Quand la nouvelle Rome commença à naître, l'ancienne acheva de tomber, & ce fut

---

Jean de Latran. Cette Nef, comme celles de toutes les anciennes Bafiliques, étoit formée par deux rangs de colonnes de différens marbres, qui foutenoient un mûr fur lequel pofoit la charpente. Un Architecte moins paffionné que le Borromini pour les inventions bifarres, auroit fait fervir ces richeffes à la nouvelle décoration qu'on lui demandoit. Le Borromini aïma mieux les renfermer dans une épaiffé maçonnerie, & lès dérober pour toujours à là vue des Curieux. A la place des colonnes de marbre, on voit donc àujourd'hui des murailles ornées d'interminables pilaftres qui s'élèvent jufqu'au plafond, & dont chaque couple eft féparé par une arcade, reffource trop ordinaire des modernes. Cette Nef eft riche, elle eft majeftueufe : cela peut être vrai; mais il n'eft pas moins vrai, que l'on a facrifié à des ornemens, d'un goût prefque gothique, un grand nombre de colonnes précieufes dont il étoit aifé de tirer avantage.

E 3

de celle-ci que l'autre emprunta la plus grande partie de ses beautés. Sans remonter aux tems de Leon X & de Paul III ; combien de morceaux, d'autant plus précieux qu'ils étoient uniques dans leur espèce, n'a point vu tomber le dernier siècle ? Il n'y a guères plus de cent ans qu'il subsistoit encore un reste considérable du *Septizone* de Sévère.

Tout cela a été détruit pour alligner des rues, ou pour orner les portiques de quelque nouveau palais. On ne passe point auprès de la petite Eglise de Saint-Etienne, proche le Tibre, sans gémir à la vue d'un des plus jolis édifices de l'ancienne Rome indignement dégradé. Ce monument fut autrefois, selon l'opinion la plus commune, le Temple de Vesta dont parle Horace dans l'Ode II du premier Livre. Sa forme est sphérique. Autour d'un petit corps de bâtiment règnoit un portique d'ordre Corinthien, composé de vingt colonnes de marbre blanc de Paros, & cannelées, laissant entre elles & le massif du mur un espace d'environ huit pieds. Le mur est du même marbre que les colonnes, & chaque quartier en est si bien

taillé, si bien joint que l'on croiroit l'édifice plutôt creusé dans un bloc, que formé de différentes pièces. Une chose à
remarquer, c'est que l'Architecte ne donna point de plinthes à ses colonnes, &
que les bases portent immédiatement sur
un socle, ou soubassement continu. La
plus grande partie de cet édifice subsiste
encore, mais que n'a-t-on pas imaginé
pour lui ôter toute son élégance? On a
commencé par enlever l'entablement, &
après avoir lié une colonne à l'autre par
des poutres, on a élevé au-dessus un toit
qui donne à l'Eglise un air de kiosque ou
de moulin à vent. Quand on changea ce
petit Temple en Eglise, on crut apparemment que le portique ne convenoit
plus; on ne renversa point les colonnes,
mais les entre-colonnemens furent bou-
chés par de bons murs qui s'élèvent jusqu'au tailloir du chapiteau, & ne laissent
plus appercevoir qu'un tiers des colonnes
qui y sont solidement encastrées. Dans le
vuide qui restoit entre elles & le mur, on
ménagea à la gauche, en entrant, une Sa-
cristie; mais on n'imagineroit pas, avant
de l'avoir vu, à quoi est employé l'espace

E 4.

de la droite. Il faut le dire, pour apprendre à nos Amateurs que c'eſt par-tout pays que l'on fait des ſottiſes, & qu'on les ſouffre. Cet eſpace ſert donc d'attelier à un Maréchal qui y a ſes fourneaux, ſon enclume, tout l'attirail de ſon métier. Voilà pour qui les Romains raſſemblèrent autrefois les plus beaux marbres & taillèrent des colonnes de près de vingt pieds de fût. Cette forge dans un monument antique conſacré à la Religion, & que l'on pourroit encore reſtaurer avec ſuccès, mérite bien autant l'indignation d'un Amateur que les ignobles boutiques qui déshonorent le Louvre.

Mais je ſuppoſe à préſent que quelque jour on entreprenne de débarraſſer ce petit Temple des acceſſoires gothiques qui le défigurent, qu'on abatte les murailles qui rempliſſent les entre-colonnemens, qu'on découvre le ſoubaſſement à moitié enterré, qu'on jette hors du portique le Forgeron & ſes outils; alors ce petit Temple ne préſentera plus que du pur antique: faudra-t-il laiſſer le portique découvert plutôt que de lui donner un entablement moderne, & ſans lequel les

colonnes reſſembleront à un jeu de quil-
les ? Faudra-t-il laiſſer les chapiteaux à
moitié ruinés, plutôt que d'ajouter ceux
de leurs ornemens qui y manquent? J'en
appelle au jugement de tout homme que
le préjugé ne domine pas. Ce qu'il y a
de ſûr, c'eſt qu'en rendant à ce morceau
les ornemens eſſentiels qu'il a perdus, on
auroit un Temple dans le vrai goût antique ; ce qu'on y auroit ajouté n'empê-
cheroit pas qu'on ne pût le regarder comme un monument du tems des Romains.

Peut-être ne ſubſiſteroit-il plus aujour-
d'hui de veſtiges du Tombeau de Ceſtius ;
peut-être au moins ſeroit-il dégradé au
point de n'en pouvoir reconnoître la forme, ſi Alexandre VII ne l'avoit fait reſtaurer, & les Amateurs auroient à re-
gretter de ne plus voir un Mauſolée dans
le goût Egyptien, une pyramide de plus de
cent pieds de haut.

On dira peut-être qu'il y a une grande
différence entre réparer une édifice qui
s'écroule, & changer, ſous prétexte de
réparations, les anciens ornemens, lorſque le corps de l'édifice eſt encore en
bon état. Cette différence bien examinée

n'eſt pas auſſi grande qu'on l'imagine.
Car enfin , ce qui fait crier les Virtuoſes
n'eſt - ce pas l'altération de l'antique en
ajoutant ou en ôtant ? Or , pour reſtaurer
le Tombeau de Ceſtius , par exemple , ne
falloit-il pas enlever quelques morceaux
de marbre qu'avoit vus autrefois Agrippa
héritier du défunt , pour en ſubſtituer
d'autres tout fraîchement tirés de Carrare.
Donc , pour conclure en enthouſiaſte ,
il valoit mieux laiſſer périr le monument ,
que de le ſoutenir par des marbres qui
n'étoient que du dix-ſeptième ſiècle. Quant
aux ornemens , il s'agit de ſçavoir s'ils
ſont dégradés ou non. Dans le dernier
cas , il y auroit réellement de la frénéſie
à leur en ſubſtituer d'autres d'un goût
différent. Dans le premier , il faut , s'il
eſt poſſible , conſerver l'ancien deſſin. Mais
on ſuppoſe qu'il faut abſolument des matériaux tout neufs , voilà encore de l'al-
liage moderne. Que faire donc ? Le voici :
l'antique le plus maltraité eſt préférable
au moderne le plus élégant. Laiſſons donc
ſubſiſter cet attique , ces roſaces , ces feſ-
tons , quelques mauſſades qu'ils ſoient ,
puiſqu'on ſeroit obligé de les remplacer

par quelque chofe de mieux, il eſt vrai,
mais que nous aurions vu travailler....
Mais ces ornemens, outre qu'ils ſont dé-
labrés, ſont encore de mauvais goût....
N'importe, encore une fois, les ſottiſes
des Anciens ſont préférables à toute la
ſageſſe moderne... Mais.... taiſez-vous,
vous êtes un Vandale. Je me tais donc,
mais je n'en penſe pas moins.

ARTICLE II.

Hiſtoire du Panthéon.

Plan du Panthéon. LE Panthéon porte dans la friſe du portique cette inſcription : M. AGRIPPA. L. F. COS. TERTIVM. FECIT. Ce qui a fait croire aſſez généralement que tout le Temple étoit l'ouvrage d'Agrippa. Mais pluſieurs Antiquaires & de grands Artiſtes ont penſé que le Panthéon exiſtoit du tems de la République, & qu'Agrippa n'avoit fait que l'embellir & y ajouter le portique. Les Antiquaires ſe ſont autoriſés d'un paſſage de Dion qui, parlant de la magnificence d'Agrippa, dit : *Qu'il acheva auſſi le Panthéon* (1). Michel - Ange étoit perſuadé que le corps de ce Temple, & le portique par lequel on y entre étoient de trois différens Architectes. Sa raiſon étoit : que la voûte, & l'ordre qui la

(1) Dion. Liv. 53.

Vue du Panthéon

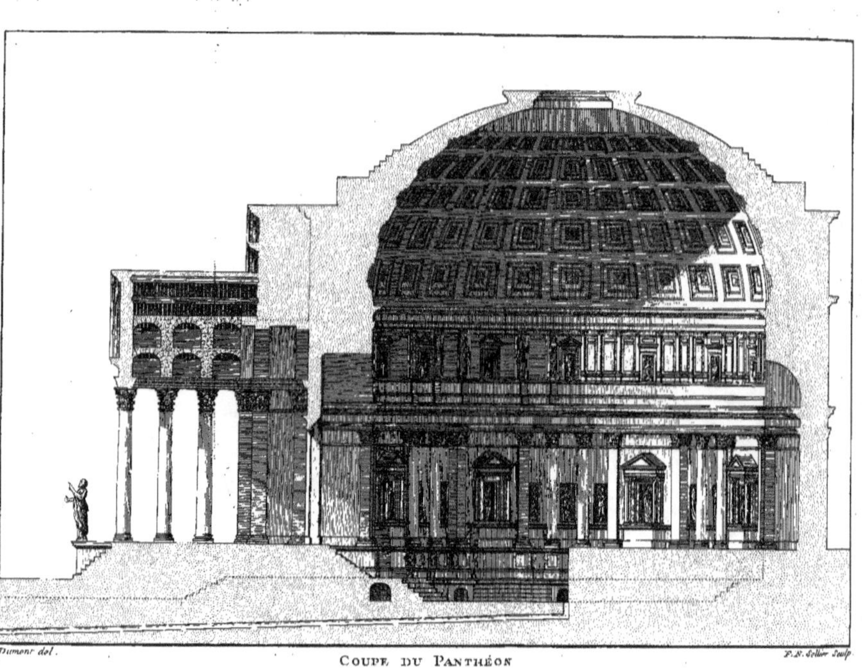

COUPE DU PANTHÉON

porte, n'ont ni la même élégance, ni des rapports exacts, & que le portique est d'une Architecture plus majestueuse que l'intérieur. Le portique paroît effectivement avoir été fait après coup; il ne tient point au corps du Temple; c'est un morceau plaqué, & derrière est un avant-corps terminé par un fronton. Quoiqu'il en soit, je prends le Panthéon tel que le laissa Agrippa, au moins tel qu'il étoit avant les irruptions des Barbares.

La forme du Panthéon est circulaire, de là son nom moderne de *Rotonde*. On lui donne dans œuvre 144 pieds de diamètre, & autant depuis le sol jusqu'au grand œil par où il reçoit le jour. L'ordonnance est Corinthienne; l'intérieur est divisé en sept grandes Niches ou Tribunes (1) ménagées dans l'épaisseur du mur. Six sont couvertes en plate-bandes, celle qui répond à la porte d'entrée est arquée en plein ceintre. Devant chaque Tribune sont deux colonnes de *jaune antique*, cannelées & d'un seul bloc; ce qui joint aux

Descrip-
tion du
Panthéon.

____

(1) Ces Tribunes sont ce que l'on nomme des Chapelles dans nos Eglises.

deux qui flanquent la Tribune du fond & portent l'entablement en reſſaut, fait quatorze colonnes des plus belles qu'il y ait à Rome. Toutes les murailles du Temple, juſqu'à la grande corniche incluſivement, ſont revêtues de marbres précieux en compartimens. La friſe eſt toute entière de porphyre. Sur la grande corniche s'élevoit un *attique* dans lequel étoient ménagées au pourtour quatorze Niches en quarré - long ; entre chaque Niche étoient quatre pilaſtres, entre chaque pilaſtre des panneaux auſſi de marbre & de différentes formes. Cet attique avoit ſon entablement complet. Sur cet entablement naît immédiatement la voûte diſtribuée en larges bandes perpendiculaires & tranſverſales. Les Méridiens & les parallèles d'une Mappemonde repréſentent aſſez bien leur ſymétrie (1). Les vuides ou caiſſes formées par ces bandes diminuent de grandeur à meſure qu'elles approchent du haut de la voûte où elles

---

(1) C'eſt ſur ce modèle qu'a été conſtruite la voûte du nouvel Amphithéâtre de l'Académie Royale de Chirurgie.

n'arrivent pas, y ayant entre elles & le grand œil un efpace plane affez confidérable.

Pour mettre plus de légéreté dans une voûte fi hardie , l'Architecte n'a rempli le fond des caiffes que de chaux & de pierre - ponce. Les parois étoient revêtues de plomb & de bronze rehauffé d'argent cifelé , & le fond portoit une roface du même métal. La voûte étoit couverte en dehors de lames de bronze doré. Le mur extérieur du Temple s'élevant perpendiculairement jufqu'à la moitié de la partie convexe de la voûte , on a ménagé fur cette convexité fept degrés , qui donnent la facilité de monter par dehors jufqu'au fommet de la voûte. Si l'on en croit quelques Auteurs , ces degrés furent ornés dans la fuite de Statues rangées comme fur un Amphithéâtre. Cette opinion eft fondée fur un paffage de Pline , qui dit que le Sculpteur Diogènes décora le Panthéon de belles Statues , mais dont on ne pouvoit appercevoir toute l'excellence à caufe de leur élévation. Pour moi , je croirois volontiers qu'il faut entendre par ces Statues , celles qui occupoient les Niches intérieures de l'attique , ou peut être auffi celles qui étoient fur les acrotères du portique. Ce portique eft octoftyle & formé par feize colonnes de granit d'un feul bloc & de plus de quatre pieds de diamètre. Les poutres qui formoient le plafond du portique étoient revêtues de bronze, les portes & les pilaftres qui accompagnent le chambranle font auffi de ce métal. On montoit au portique par fept ou neuf degrés. Tel étoit le Panthéon que fa richeffe faifoit mettre par Pline au rang de ce qu'il y avoit de plus beau à Rome.

Je n'ai point parlé de huit petits Autels placés en faillie entre les grandes Tribunes , parce qu'ils ne font pas antiques. Ils me paroiffent dater du fiècle ou le Panthéon fut changé en Eglife, & ce qu'on y voit de bon eft même beaucoup plus moderne. Ce qui me le perfuade , c'eft que les chapiteaux & les bafes des colonnes ne fe reffemblent pas. Ici c'eft du Corinthien , là c'eft du compofite ; quelques colonnes ont des bafes Corinthiennes , d'autres en ont d'attiques, & celle-ci font du travail le plus groffier. On voit là le goût de rapfodie propre des fiècles barbares , dont j'aurai ailleurs occafion de

citer

citer des exemples encore plus frappans.

L'éruption du Vésuve, arrivée sous Titus, causa au Panthéon un dommage considérable. Il fut réparé par Domitien; ce qui a fait regarder ce Prince par quelques Auteurs comme le fondateur de l'édifice. L'Empereur Adrien y fit aussi travailler, mais il paroit que Septime Sévère fut celui à qui le Panthéon dut davantage depuis sa construction. Ses Prédécesseurs n'avoient fait peut-être qu'y ajouter quelques ornemens; Septime y fit des réparations essentielles. On lit cette inscription sur les faces de l'architrave du portique:

IMP. CÆS. SEPTIMIVS. SEVERVS.
   PIVS. PERTINAX
ARABICVS. PARTHICVS. PONTIF.
   MAX. TRIB. POT. XI
COS. III. P. P. ET IMP. CÆS. MAR-
   CVS. AVRELIVS
ANTONINVS. PIVS. FELIX. AVG.
   TRIB. POT. V
PROCOS. PANTHEON. VETVSTA-
   TE. CORRVPTVM
CVM. OMNI. CVLTV. RESTITVE-
   RVNT.

Première Partie.   F

Il y a lieu de s'étonner qu'un édifice qui n'avoit pas plus de deux cens ans, en le fuppofant conftruit par Agrippa, tombât de vétufté fous Sévère. Cette dégradation, fi elle étoit telle en effet que l'annonce l'infcription, ferviroit à confirmer l'opinion de ceux qui le croient du tems de la République.

Ce Temple fubfifta dans tout fon éclat jufqu'aux irruptions des Barbares. Avant cette époque, les Empereurs Chrétiens avoient donné des Edits pour faire abattre les Temples du Paganifme. Quel que fût le motif qui engagea les Romains à épargner le Panthéon, il eft certain qu'il n'avoit point fouffert du zèle des Pontifes, & de la précipitation des Chrétiens, avant le premier fiège de Rome par Alaric. Malgré le dépouillement des Temples qui fe fit alors, & peut-être fous Genféric, celui-ci confervoit encore affez de richeffes, pour exciter la cupidité d'un Empereur. Conftance II, vint, vers 655, de Conftantinople à Rome, & la vifite qu'il rendit à cette malheureufe Ville, fut celle d'un ennemi. Il acheva de dégrader le Panthéon; il enleva l'argent &

le bronze qui décoroient la voûte, & les lames de bronze doré qui en couvroient l'extérieur. Tout cela fut tranfporté à Sy-racufe ; Rome y perdit beaucoup, & Conftantinople n'y gagna rien ; car les Sarrafins s'étant bientôt après rendus maî-tres de la Sicile, enlevèrent les riches dé-pouilles que Conftance y avoit dépofées.

Environ cinquante ans auparavant, le Pape Boniface IV, avoit demandé le Pan-théon à l'Empereur Phocas, pour en faire une Eglife ? C'étoit fentir bien tard ce que valoit un pareil édifice : fi l'on eût profité des avantages que donnoient les Edits des premiers Empereurs Chrétiens, on fe feroit affuré de ce beau Temple, lorfqu'il confervoit encore toute fa ma-gnificence, & le Chriftianifme n'eût point eu de plus beau trophée de fes victoires fur le Paganifme. On ne conçut le deffein de le confacrer au vrai Dieu, que lorfque les Barbares y eurent porté le ravage, & que la mifère des tems ne permettoit point de lui rendre ce qu'il avoit perdu. Quand on fait attention à l'époque de cet évènement, on voit que le Panthéon n'avoit rien à efpèrer du côté de l'art &

Change-ment du Panthéon en Eglife.

du goût. En 607, on ne connoiſſoit plus ni la bonne Architecture Grecque, ni les fineſſes de la Sculpture. Les Artiſtes ne pouvoient que gâter ce qu'ils touchoient; & c'eſt ſans doute à ce tems qu'il faut rapporter certaines réformes dont je parlerai plus bas. L'attentat de Conſtance lui porta le dernier coup. Boniface IV l'avoit dédié à la Sainte-Vierge, en 607; Grégoire IV, en 610, le dédia auſſi à tous les Saints; delà ſon titre de *Sancta Maria ad Martyres.*

Rome, en ſe repeuplant après les dévaſtations des Barbares, changea preſqu'entièrement de place; elle ſe reſſerra, les ſept collines furent inſenſiblement abandonnées, & le Champ de Mars étant plus uni, & plus près du Tibre, fournit le terrein de la nouvelle Ville. Le Panthéon étoit dans le Champ de Mars; il fut bientôt entouré de maiſons qui dérobèrent aux yeux ſa belle forme, & qui adoſſées à ſes murailles ne purent manquer de les dégrader. Des Frippiers & autres trafiquans de cette baſſe eſpèce, s'introduiſirent auſſi juſques dans le portique, en lièrent les colonnes par des murailles

& s'y contruisirent des boutiques. Ce
désordre dura jusqu'au Pontificat d'Eugè-
ne IV : le seul zèle pour la décence du
lieu Saint détermina le Pontife à faire dé-
gager le Panthéon des maisons qui l'environnoient ; les misérables baraques du
portique furent abattues, & si on ne répara pas tout le mal qui avoit été fait
jusqu'alors, on en arrêta au moins le progrès.

Depuis que Constance avoit enlevé les
lames de bronze doré qui couvroient l'extérieur de la voûte ; cette partie du Panthéon étoit resté exposée aux injures de
l'air, ou n'en avoit été défendue que par
de la tuile, jusqu'au Pontificat de Benoît
II, qui la fit couvrir de plomb. Nicolas
V qui avoit de grandes idées, qui cent
ans plus tard, & avec un règne plus
long, eût peut-être tenu dans les fastes
des Arts la place qu'y occupe Leon X,
Nicolas V renouvella ce plomb avec plus
de magnificence.

Je ne trouve pas que depuis ce Pontife
jusqu'à Urbain VIII, aucun Pape ait rien
fait de remarquable pour le Panthéon.
Raphaël, & voici peut-être le trait le plus

propre à donner de cet ancien monument la plus grande estime, Raphaël, le Prince des Peintres, & l'égal des plus habiles Maîtres en Architecture, laissa en mourant une somme considérable pour la réparation du Panthéon où il a son tombeau, ainsi que Perrin del Vague, Jean d'Udine, Thadée Zucchari, Annibal Carrache, Flaminio Vacca & le célèbre Corelli. Tout le bon moderne qui décore l'intérieur est des derniers tems; les tableaux sont estimables, les Statues, sans être des chef-d'œuvres, font honneur à la Sculpture, ce qui prouve qu'elles sont postérieures au quinzième siècle.

Mais qu'il soit permis de le dire avec tout le respect dû à un Pontife qui d'ailleurs a protégé & exercé les Arts : n'eût-il pas été à souhaiter qu'Urbain VIII ignorât que le Panthéon existoit? Des inscriptions gravées à côté de la porte annoncent qu'il le répara, mais c'est bien ici le cas de dire que tandis qu'il édifioit d'une main, il détruisoit de l'autre. Il fit construire sur l'ancien avant-corps deux *Campaniles* d'assez mauvais goût, mais il enleva au portique ce qui lui reſtoit de ſon ancienne magnificence, ce bronze qui couvroit les poûtres, & qui étoit tellement prodigué, qu'on en tira le grand Baldaquin de la Confeſſion de Saint-Pierre, & pluſieurs pièces d'Artillerie pour le Château Saint-Ange.

Ce qu'il y a de merveilleux, c'eſt que pendant que l'on faiſoit tout ce dégât dans le portique, on ne penſoit pas même à réparer celui qu'y avoit fait le tems. De ſeize colonnes qui formoient ce magnifique morceau, il n'en reſtoit plus que treize. Les trois autres qui étoient du côté *de la Minerve* (1) avoient diſparu ; avec elles étoient tombés l'entablement & un angle du fronton. Alexandre VII fit ce que n'avoit point fait Urbain VIII En mêmetems que par ſes ordres le Bernin conſtruiſoit la colonnade de Saint-Pierre, on travailloit à rétablir celle du Panthéon ; & l'on fut aſſez heureux pour trouver

----

(1) Le principal Monaſtère des Dominicains de Rome s'appelle le Couvent *de la Minerve*, parce qu'il y eut autrefois dans le même endroit un Temple dédié à Minerve. Le Panthéon n'en eſt pas éloigné.

dans Rome des colonnes du même mo-
dule que les anciennes & antiques comme
elles. Quoiqu'elles soient de plusieurs tronçons & d'une couleur un peu différente ,
les proportions en sont exactes, l'effet en
est satisfaisant. Le zèlé Pontife entreprit
aussi de revêtir de marbre tout l'intérieur de
la voûte , & de placer au-dessus du grand
œil un lanternon pour préserver de l'in-
tempérie des saisons ceux que le devoir
& la piété amènent à cette Eglise : la
mort l'empêcha d'exécuter ces derniers
projets. Clément IX qui lui succéda fit
entourer de grilles le portique. On n'en
voit pas trop la nécessité. Leur élévation
rend un peu plus difficile , mais ne rend
point impossible le passage à ceux qui
auroient quelque intérêt à se retirer pendant la nuit dans le portique. Ce que
l'on voit clairement , ce sont de grosses
pattes de fer enfoncées dans le vif du fût
des colonnes , & ces colonnes notable-
ment endommagées par les excavations
qu'on y a faites pour appuyer & fixer les
grilles. Sous Clément XI , le grand Autel
du fond , ainsi que les petits Autels du
pourtour furent refaits ou embellis.

Après avoir vu le Panthéon dans toute sa magnificence sous Agrippa & sous les Empereurs jusqu'au commencement du cinquième siècle, on vient de le voir perdre peu-à-peu de la beauté de sa forme & de la richesse de ses ornemens. Plusieurs Papes, outre ceux dont j'ai parlé, travaillèrent successivement à le décorer de nouveau ; mais ces décorations étoient dans le goût des siècles où on les faisoit. Le corps de l'édifice, son Architecture n'y gagnoient rien ; au contraire ils y perdoient, & l'on peut bien dire que des Architectes postérieurs au quatrième siècle & antérieurs au quinzième, accoutumés à ne faire que des piliers trop gros ou trop grêles ; que des Sculpteurs qui ne connoissoient pour tout ornement que de petites pyramides ou des *Gargouilles* devoient être extrêmement embarrassés vis-à-vis des ordonnances & des proportions Grecques. Tous leurs talens consistoient à imiter ; mais rarement l'imitation est heureuse quand on manque de principes. Lorsque les *Maîtres Maçons*, qui ont construit nos belles Eglises gothiques, ont voulu imiter le chapiteau Corinthien ; on sçait comme ils y ont réuffi. Leur adreffe fingulière à fculpter excellemment une feuille de choux ou de chardon, fe trouvoit en défaut lorfqu'il falloit orner un chapiteau de feuilles d'acanthe ou d'olivier.

Les libéralités de ces Pontifes n'avoient donc pour objet que la décoration de l'Autel principal. Elles confiftoient en vafes précieux, en habits propres aux cérémonies de la Religion, &c. Tout cela pouvoit être riche, mais rien de tout cela ne rendoit, au Temple, ni fon ancienne majefté, ni fa première fplendeur. Le bon goût des ornemens s'y établit un peu à la renaiffance des Arts. De bonnes Statues prirent fur les Autels la place de ces difformes fquelettes, ou de ces courtes & maffives figures qui, pendant huit fiècles, avoient épuifé tous les efforts & fixé l'admiration de l'ignorance. Des tableaux paffablement deffinés chafsèrent ces groffières Mofaïques dont les Grecs de Conftantinople avoient paré les murailles de prefque toutes les Eglifes de Rome. On mit à profit les marbres rares & antiques que l'on découvroit dans les ruines d'anciens monumens ; on en incrufta avec délicateſſe les endroits qui en étoient dégarnis. Au reſte, avant Alexandre VII, on n'avoit point penſé à toucher à l'intérieur de la voûte, on n'y toucha point après lui, & voici enfin en quel état étoit le Panthéon, lorſque par ordre de Benoît XIV, on entreprit de le *moderner*.

ARTICLE III.

Réparation du Panthéon.

JE n'ai à parler ici que de ce qui eſt l'objet des réparations faites ſous Benoît XIV au Panthéon, & de ce qui a donné lieu aux critiques amères de quelques Amateurs. Il ne s'agit que de la voûte, de l'attique & du pavé. On a refait auſſi la baluſtrade du Sanctuaire, mais cet article n'a pas dû révolter les partiſans de l'Antique, car la baluſtrade que l'on a détruire n'étoit certainement pas du tems d'Agrippa ou de Septime Sévère.

Des anciens ornemens de la voûte, il ne ſubſiſtoit abſolument que la corniche de bronze doré qui règne tout autour du grand œil. Le reſte, dépouillé des marbres & des métaux qui le couvroient, n'offroit plus qu'une maçonnerie dégradée, & d'une noirceur lugubre. Les caiſſons, autrefois garnis d'argent, retenoient encore quelques lambeaux à demi arrachés du plomb où l'argent étoit appliqué, mais tous n'en conſervoient point ; & quoiqu'on en puiſſe dire, cette triſte bigarrure annonçoit plutôt un édifice qui tombe en ruines, qu'elle ne donnoit idée de ſon ancienne magnificence. Voilà donc ce que trouvoient ſi admirable les Critiques qui ont attaqué les réparations faites au Panthéon. Je m'imagine en voir quelqu'un campé au milieu du Temple, avant qu'on y touchât, & là, endoctrinant un étranger, lui dire d'un ton emphatique : cette voûte que vous voyez aujourd'hui ſi noire, l'étoit moins autrefois ; dans ces caiſſons où il n'y a aujourd'hui que quelques morceaux de plomb, étoient du tems d'Agrippa des roſaces d'argent, &c. vous n'appercevez rien aujourd'hui de toutes ces beautés, mais je vous dis qu'elles y étoient ; fermez les yeux, ſervez-vous de votre mémoire & de votre imagination, & à coup ſûr vous verrez de belles choſes. L'étranger l'écoute, & ſort enſuite très - perſuadé, que malgré tout ce que lui a dit ſon *Cicerone*, on ne feroit pas mal de décraſſer un peu cette voûte, où l'imagination ſeule voit tant de merveilles.

Que prenant la place du *Cicerone* , je conduise aujourd'hui au Panthéon le même étranger , j'avoue qu'il pourra être choqué du blanc de plâtre dont on a teint la voûte; mais j'arrêterai sa mauvaise humeur , en lui disant qu'on ne prétend pas laisser cette partie du Temple dans l'état où il la voit ; que le projet est de revêtir les arcs & les parois des caissons d'un marbre grisâtre , dont la couleur tenant le milieu entre l'enfumé qui attriste , & le blanc qui affadit , réfléchisse une lumière douce qui donne de la majesté à l'intérieur ; qu'ensuite on revêtira le fond des caissons d'une mosaïque azur , sur laquelle seront appliquées des étoiles ou des rosaces de bronze doré. Quoique je ne mette point d'enthousiasme dans mon exposé , je suis sûr qu'il frappera l'étranger , parce qu'il lui fera sentir , qu'à la richesse des métaux près , le Panthéon reparoîtra bientôt tel qu'il fut au tems d'Agrippa ; que l'œil sera plus satisfait en y appercevant des beautés réelles & analogues aux anciennes , que l'imagination, en se peignant celles-ci à la vue de leurs tristes débris.

Quant à l'attique , il y auroit de bonnes

raifons de douter qu'il fût Antique , & de
croire qu'on l'ajouta dans ces fiècles dont
les monumens s'appellent *Modernes-antiques*.
La première raifon eft l'effet ridicule des
pilaftres qui étoient au-deffus de la Tribune du fond. Cette Tribune eft , comme je l'ai dit , arquée en plein ceintre ,
& s'élève à plus de la moitié de la hauteur de l'attique. Qu'arrivoit-il delà ? Le
voici: cinq pilaftres , & les panneaux de
marbre qui les féparoient fe trouvoient
coupés , plus ou moins , felon le contour
de l'archivolte (1) qui les rencontroit ,
enforte que le pilaftre qui pofoit fur le
fommet du ceintre y perdoit au moins
les deux tiers de fa longueur , que ni lui
ni les autres n'avoient par conféquent de
bafes & que tout ce morceau étoit un
porte - à - faux des plus choquant.

La feconde raifon eft fondée fur l'autorité du Chevalier Carlo Fontana, qui

---

(1) L'Archivolte eft cette fuite de moulures qui
ornent le contour extérieur d'une arcade. Ces moulures varient pour le nombre & l'efpèce , felon les
différens ordres.

prétend qu'au lieu de ces pilaſtres, on voyoit du tems d'Agrippa les Caryatides dont parle Pline, & auxquelles les Antiquaires ont tant de peine à trouver une place dans le Panthéon. Où les mettre en effet, ſi on ſuppoſe les pilaſtres auſſi anciens que l'embelliſſement de ce Temple? L'euſſent-ils été, l'état de dégradation dans lequel ils étoient quand on a entrepris la réparation de l'édifice, exigeoit qu'on le reformât. Il ne faut pas dire que l'ancien Architecte eut en vue la ſolidité du Panthéon, quand il plaça cet attique ſur le grand ordre. Ce n'étoient point les pilaſtres qui portoient la voûte, ils n'étoient-là que de pur ornement; l'Architecte qui l'a réparé n'a pas cru ſon ſyſtême plus ſûr que celui des Anciens pour fortifier les murailles; il a ſeulement ſenti la difformité des pilaſtres du fond, & il a choiſi un genre de décoration qui n'étoit point expoſé aux mêmes inconvéniens. Rien d'ailleurs n'y rappelle le goût du Borromini (1), & il convient à l'endroit où on l'a employé.

-----

(1) Le Borromini n'a que trop juſtement mérité auprès de la plupart des connoiſſeurs le titre de cor-

On

On a encore eu moins de raifon de s'é-
lever contre la *refaction du pavé*, que contre les autres réformes, & rien ne prouve
mieux que cette critique, combien le préjugé empêche de bien examiner les objets
& précipite les décifions. Où les Cenfeurs
ont-ils pris, que ce pavé étoit antique,
je dis antique du tems d'Agrippa ou de
Septime Sévère ? Les marbres, au moins
ce qui en refte de plus précieux, en font

---

rupteur de la bonne Architecture. Pour juger de fon
goût & fe former une jufte idée de fa manière de
conftruire & de décorer, il fuffit de voir l'Eglife
des Théatins. Le Frère Guarini qui donna le deffin
de ce Temple, étoit à coup sûr un élève du Borromini, ou avoit adopté fes principes. On retrouve
dans fon édifice, le bifarre, le pefant, le mauvais
goût des profils & des ornemens que l'on apperçoit
dans le Collège de la Sapience, dans le *Séminaire
de la Propagande*, dans la Nef de Saint-Jean-de-
Latran, dans *San-Carlino alle quatro Fontane*, & dans
d'autres édifices conduits à Rome par le Borromini.
Il donnoit évidemment dans le Gothique, & l'Architecture Grecque feroit encore à renaître en Europe, fi depuis 300 ans toutes les têtes euffent été
organifées comme celle de cet Artifte.

Premiere Partie. G

antiques ; mais le deſſin , les compartimens le ſont-ils ? Si tout cela eſt poſtérieur
au ſixième ſiècle , nous n'y voyons qu'un
ouvrage des tems Barbares , lequel ne mé-
riteroit quelqu'attention , qu'autant qu'il
ſeroit encore en bon état ; mais il n'en
eſt rien & ce pavé demande abſolument
qu'on le refaſſe.

Montjoſieu , Gentilhomme du Rouer-
gue & habile Mathématicien , étant à
Rome en 1583 , à la ſuite du Duc de
Joyeuſe , examina en connoiſſeur les anciens monumens de cette fameuſe Ville.
Le Panthéon fixa ſur-tout ſon attention,
& mérita ſes plus profondes recherches.
Il conſidéra en Architecte cet édifice , &
après en avoir rapproché toutes les dimenſions viſibles , il trouva que , toutes les
parties du Temple qu'il avoit ſous les
yeux étant Corinthiennes , le réſultat des
proportions de l'enſemble donnoit cependant du Dorique ? Moins réſervé dans ſes
jugemens , il eût tout de ſuite attaqué &
l'Architecte qui conſtruiſit le Temple , &
Pline qui , malgré un ſi grand défaut , le
met au rang des plus parfaits ouvrages
de l'univers. Il chercha un ſyſtême pour

concilier l'Architecte & l'Historien. Il imagina donc qu'en abaissant le sol de l'intérieur d'autant de pieds qu'il en falloit pour ôter le court & le massif propre du Dorique, & en ramener toutes les parties aux proportions Corinthiennes, il rendroit au Panthéon l'exactitude & le *svelte* qu'il eut autrefois. Il proposa son opinion dans un petit ouvrage Latin intitulé *Gallus Romæ Hospes*, qui ne fut imprimé qu'en 1586, & lorsque l'Auteur n'étoit plus à Rome. Cette opinion a paru si plausible au Cavalier Fontana qu'il l'a adoptée.

Ce Sçavant Architecte, à la suite de sa description de la Basilique du Vatican, donne celle du Panthéon accompagnée de la coupe de l'édifice. On y voit, qu'à quelques pieds du socle des colonnes commençoit un escalier de cinq marches qui régnoit tout autour du Temple, & aboutissoit à un sol uni au milieu duquel étoit une espèce de puits destiné à recevoir les eaux du Ciel qui tomboient par le grand œil. Mais ce qui me paroît conclure en faveur de cette opinion, c'est

Coupe du Panthéon.

G 2

qu'à sept ou huit pieds au-deſſous du ſol
que l'on voit aujourd'hui, il exiſte véritablement un autre pavé. J'ai interrogé là-deſ-
ſus pluſieurs Artiſtes, qui tous m'ont aſſuré
l'exiſtence de ce pavé inférieur. Cela étant,
que devient l'antiquité de celui que les
Critiques ne veulent pas qu'on refaſſe ?
N'eſt-il pas évident que le vuide dont
parlent Montjoſieu & Fontana, a été
comblé, qu'il n'a pu l'être avant Conſtantin, avant que le Chriſtianiſme com-
mençât à s'enrichir des dépouilles du Pa-
ganiſme, & qu'il ne l'a été au plutôt,
que lorſque Boniface IV changea le Panthéon en Egliſe ?

Mais quand on ignoreroit quand &
comment le ſol du Panthéon s'eſt élevé,
au moins faut-il reconnoître qu'il n'a pas
toujours eu l'élévation qu'on lui voit aujourd'hui. Cela s'apperçoit par les plinthes des colonnes qui ſont enfouies de
plus des deux tiers de leur hauteur ; il y
en a même qui ſont abſolument au niveau du pavé. Dira-t-on que c'eſt-là un
ouvrage des Architectes qui fleurirent depuis Auguſte juſqu'à Sévère ? L'enfouiſſe-

ment d'une partie si agréable de la colonne, ne peut dater que des siècles de la
Barbarie, où peut-être même de quelques
tems plus voisins du nôtre. Le Panthéon
est sur un terrein extrêmement bas; pour
peu que le Tibre grossisse, ses eaux pénè-
trent par les égoûts dans cette Eglise, &
en six semaines j'y en ai vu deux fois près
d'un pied. En ruinant l'ouvrage des anciens, on perdit apparemment le secret
qu'ils avoient imaginé pour arrêter les
eaux du fleuve. On sacrifia donc l'élégance aux intérêts de la santé & à la décence du Service Divin, on éleva le sol
du Panthéon, comme on a élevé celui des
Thermes de Dioclétien changés aussi en
Eglise. Dans ces différens changemens, il
n'étoit pas possible que les marbres qui
formoient le pavé ne se brisassent, & ne
fussent successivement remplacés par d'autres sur lesquels ni Auguste, ni Agrippa
n'avoient marché : ils sont aujourd'hui
dans un état à exiger une nouvelle réparation.

Il reste un point sur lequel je n'ai garde de vouloir justifier ceux qui l'ont pro-

posé , c'est le *lanternon* à placer sur le grand œil de la voûte. Cette idée n'est cependant pas de l'Architecte , elle vient de plus haut , & on y est tellement attaché , qu'on ne veut point entendre parler d'embellir la voûte , à moins qu'on ne la garantisse par ce lanternon des injures du tems. Il faut avouer que cette ouverture de la voûte est extrêmement incommode pour ceux qui sont dans l'Eglise : par-là , avec la pluie , la grêle , la neige tombent des rhumes & des cathares de toute espèce ; mais la boucher par un coupolin , c'est surcharger l'édifice, altérer l'effet de la lumière qu'il reçoit par cet œil , c'est tellement changer sa forme , que ceux qui ne l'auront pas vu tel qu'il est aujourd'hui , & qui y verront cet accessoire moderne, ne comprendront pas comment toutes les parties intérieures du Temple pouvoient être également éclairées par ce seul endroit ; que l'artifice de l'Architecte ayant disparu , on traitera peut-être d'ignorance ce qui supposoit en lui la plus grande habileté ; que comparant l'immense voûte & son lanternon avec nos coupoles élancées & pyramidales , on s'en prendra aux Anciens d'une difproportion qu'il ne faudroit attribuer qu'aux Modernes.

Il eft à fouhaiter que ce projet n'ait pas lieu ; & que ceux qui le favorifent ne renoncent point, en l'abandonnant , à donner au Panthéon tous les embelliffemens qu'ils lui deftinent. Les fuccès de leur zèle feront taire la Critique , & on leur devra l'avantage de revoir à-peu-près dans fon premier état , le plus beau , le plus précieux monument de la magnificence Romaine.

Je crois avoir mis les Amateurs de l'Antique en état de juger, fi les réparations faites au Panthéon font auffi abfurdes que quelques Virtuofes de mauvaife humeur ont voulu le perfuader. Tout fanatifme en matière d'art écarté, la raifon feule confultée, on applaudira à des foins qui ont pour objet, non pas d'anéantir les beautés de l'ancienne Rome , mais d'effacer les traces de la barbarie & de l'ignorance. Nous avons à nous plaindre des fiècles paffés qui ont négligé un fi riche morceau d'Architecture, nos defcendans n'auront qu'à fe louer du nôtre qui lui rend tout ce qu'il peut de fon ancienne magnificence.

Panthéon étoit-il un Temple confacré à tous les Dieux. Me permettra-t-on, comme à tant d'autres, une conjecture fur ce qu'étoit autrefois le Panthéon. L'opinon la plus ancienne & la plus générale eft, que cet édifice fut un Temple confacré à tous les Dieux ; mais elle a été combattue par quelques Littérateurs qui ont prétendu que ce que l'on croyoit un Temple, n'avoit jamais été qu'un bain faifant partie des Thermes d'Agrippa. Ceux qui l'ont cru un Temple fe font fondés fur la plus ancienne Tradition, fur le nom même du monument, fur le témoignage pofitif de quelques Hiftoriens. On ne peut guères fouhaiter de meilleures preuves. Elles n'ont cependant pas convaincu les Adverfaires, qui felon moi, auroient dû, après les avoir bien péfées, accorder au moins au Panthéon le nom de Temple. Ils ont cru trouver une raifon de le regarder comme un bain, dans fa proximité des Thermes d'Agrippa, dans fa reffemblance avec d'autres édifices qui étoient réellement des bains, tels que l'Eglife des Feuillans & le Veftibule de l'Eglife des Chartreux qui appartenoient aux Thermes de Dioclétien. Enfin, ils fe font autorifés d'un paffage de Dion, qui dit que le nom de Panthéon lui paroit tiré plutôt de fa forme femblable à la voûte célefte, que d'une vraie confécration à tous les Dieux. Mais, 1°. la proximité du Panthéon des Thermes d'Agrippa ne prouve nullement qu'il en fît partie : 2°. Les morceaux des Thermes que l'on cite font bien poftérieurs au Panthéon. L'Architecte frappé de la beauté & de la hardieffe de celui-ci, a pu vouloir les imiter, & montrer que fon habileté égaloit celle des anciens Architectes : 3°. Le paffage de Dion jette des doutes fur le véritable objet de ce monument, mais il ne fait que fournir matière à la difpute.

Je crois qu'on peut profiter de cet endroit de Dion, ainfi que de quelques autres qui le précèdent & le fuivent, pour regarder le Panthéon comme un monument allégorique des Victoires d'Augufte. Agrippa le fit embellir dans fon troifième Confulat, l'an 729 de Rome. Augufte venoit de terminer alors une guerre difficile, occafionnée par la rébellion des Salaffes, des Cantabres, des peuples de l'Afturie. Varron avoit réduit les Salaffes, Augufte lui-même avoit fait reprendre le joug aux Cantabres, tandis qu'en Allemagne Vinicius châtioit quelques Cantons où des Marchands Romains avoient été égorgés. Une paix générale fuccéda à ces troubles, & le Temple de Janus fut fermé pour la feconde fois depuis qu'Augufte étoit fur le Trône.

On voit que ces différentes expéditions avoient pour objet, non pas de nouvelles conquêtes, mais le châtiment des peuples déja foumis, & dont la révolte demandoit une vengeance prompte & éclatante. Ne feroit-ce point à celle que tira Augufte, qu'il faudroit attribuer le titre *Jovi Vltori* donné par Agrippa au Panthéon ? fous le nom dé *Jupiter*, n'auroit-on pas voulu repréfenter Augufte lui-même ? Agrippa n'étoit point adulateur, mais il étoit gendre du Maître de l'univers, & dans fon zèle pour l'embelliffement de Rome, il put confulter fa reconnoiffance envers le Prince qui l'avoit fait entrer dans fa famille : les circonſtances heureuſes qui donnoient lieu à ce monument juſti-fioient dans l'eſprit des Romains ce que ſa dédicace avoit d'extraordinaire. Il n'é-toit point permis de conſacrer des Tem-ples aux Héros encore vivans. En dédiant celui-ci à Jupiter, on ménageoit la mo-deſtie de l'Empereur, on reſpectoit les uſages de la Nation, & l'on éterniſoit néanmoins le ſouvenir d'un évènement glorieux à tout le peuple Romain. Ainſi ce peuple gagné par la bonté de Jules Céſar après la bataille de Pharſale, érigea un Temple *à la Clémence de Céſar* ; ainſi charmé des vertus de Titus en érigea-t-il un autre *à la perpétuité des Flavius*. Il eſt évident que ce n'étoit-là que des monu-mens héroïques deſtinés à mettre ſous les yeux de la poſtérité les bienfaits du Maî-tre & la reconnoiſſance des Sujets. Faiſoit-on des ſacrifices à la Clémence de Céſar, lorſque Céſar n'étoit plus ? *La Perpétuité des Flavius* étoit-elle une Divinité à qui on pût demander des graces ? Le Panthéon étoit bien un Temple en ce ſens qu'il portoit le titre du Maître des Dieux, & renfermoit les Statues de quelques autres ;

mais je ne penfe pas qu'on on y fît des facrifices , & qu'on y honorât Jupiter par l'immolation des Victimes.

Quant à fon nom, il ne me paroît pas une preuve décifive que le Temple fût confacré à tous les Dieux de l'Olympe, de la Terre & des Enfers. Pour l'être en effet, il eût fallu qu'il contînt les Statues de tous les Dieux, ce qui étoit impoffible, fi on ne vouloit pas les y entaffer comme dans un magafin, ou au moins une Statue *Panthée*, qui les repréfentât tous. Or, on ne nomme parmi les Simulacres qui décoroient l'intérieur que ceux de Jupiter, de Mars, de Pallas, de Vénus, d'Hercule, de Jules-Céfar. Neptune n'auroit certainement pas cédé la place à Mars ; Junon & Diane avoient de juftes prétentions vis-à-vis de Pallas , & plus encore vis-à-vis de Vénus rivale éternelle de l'une & de l'autre.

Mais, dit-on, le Panthéon fut auffi confacré à Cybèle, Mere des Dieux , & cela fuffit pour autorifer la dénomination du monument. . . . . Oui, il le fut, mais au tems de la République. En perdant fon ancienne forme fous Agrippa , il perdit aussi son ancien Culte. Il conserva le même nom, sans que l'objet qui le lui avoit fait donner fût exactement le même. J'appuie ma conjecture d'un passage de Pausanias : » On voit, dit-il, à Altis un grand » Temple d'ordre Dorique, que les habi-» tans , conservant l'ancien nom, appel-» lent aujourd'hui *Matroum*. On n'y voit » cependant aucune Statue de la Mère » des Dieux ; l'intérieur n'est orné que » de Statues d'Empereurs Romains «. (1) Je conclus de ce passage, 1°. que le Temple d'Altis n'étoit pas un Temple proprement dit , mais un monument érigé à la gloire des Vainqueurs de la Grèce. On l'appelloit *Matroum* , parce qu'autrefois il y avoit eu en effet dans cet endroit un Temple consacré à la Mère des Dieux : 2°. Que le nom de Panthéon ne suppose pas plus un édifice consacré à tous les Dieux, que celui de *Matroum* un Temple consacré à Cybèle. La Statue de la Déesse n'étoit ni dans l'un ni dans l'autre , &

---

(1) Eliac. 1. Cap. 20.

c'étoit uniquement l'habitude qui faisoit appeller le premier *Matroum* & le second *Panthéon.*

Si cependant on veut absolument que celui-ci ait été consacré à tous les Dieux, par tous ces Dieux, j'entendrai tous ceux qui avoient des rapports plus directs avec le peuple Romain & avec la famille de l'Empereur. Jupiter étoit le Père des Dieux & des Hommes, il convenoit qu'il eût la première place, aussi étoit-il dans la Tribune du fond. Mars Dieu de la Guerre, & regardé comme le Père de Romulus fondateur de la Nation la plus guerrière qui ait jamais existé, rappelloit toute la noblesse de l'origine & la gloire des conquêtes. Pallas partageoit avec Mars l'emploi de présider aux batailles & de former à l'héroïsme; & puisqu'elle occupoit une place dans le Temple de Jupiter Capitolin, elle devoit en avoir une dans le Panthéon. On voit, sans que je le dise, pourquoi Vénus y étoit; d'elle descendoit Auguste adopté par Jules-César; & ce qui est à remarquer, c'est qu'elle portoit aux oreilles le reste de cette belle perle que Cléopatre consuma dans un repas vis-à-vis d'Antoine. Ce bijou devenoit un monument précieux & flateur de la Victoire d'Actium. Hercules étoit le modèle des Héros, Jules-Céfar le Fondateur du nouvel empire, ils figuroient bien l'un vis-à-vis de l'autre. La Statue d'Augufte eût accompagné celle de Jules, fi la modeftie de ce Prince ne s'étoit oppofée au deffein d'Agrippa ; mais elle décoroit le portique avec celle de fon gendre, & toutes deux occupoient les grandes Niches qu'on y voit. Je fçais qu'il en refte encore beaucoup à remplir dans l'intérieur, mais les Hiftoriens ne me difant pas ce qui y étoit, j'y mettrai ce que je voudrai, dès que j'ai fait occuper les principales par les Statues que je trouve citées.

Le tems où fut réformé & embelli le Panthéon, les Divinités qui y avoient leur Simulacre, les ornemens qui le décoroient, les différentes opinions des plus anciens Auteurs fur fa deftination, furtout fon titre de *Jovi Vltori*, tout me porte à croire, qu'Agrippa, en l'enrichiffant, n'eut en vue que de laiffer à la poftérité un monument des Victoires d'Augufte fur les Salaffes, les Cantabres, les Afturiens,

&c. Au reſte , ce n'eſt ici qu'une idée d'Antiquaire que je ne prétends pas dé-fendre.

TEMPLES

DU

CHRISTIANISME.

LA partie la plus agréable de l'Hiſtoire
de l'Architecture eſt ſans doute celle qui
prenant ce bel Art à ſon origine, ſuit ſes
progrès, décrit ſes chefs-d'œuvres, fixe le
tems de ſa perfection dans la Grèce &
l'Italie. Avec quel plaiſir n'y voit-on pas
l'eſprit humain ſe développer & s'étendre?
Mais ſi les faits frappent plus vivement à
proportion qu'ils ſont plus extraordinai-
res, il eſt moins ſurprenant de voir les
hommes profiter de leurs découvertes

pour perfectionner infenfiblement un Art, que de les voir perdre tout-à-coup juf-qu'à l'idée de la perfection., malgré la multitude des excellens modèles qu'ils ont fous les yeux, oublier les règles les plus faciles, négliger les principes les plus na-turels de décoration, paffer de la plus grande élégance à la plus choquante grof-fièreté, & en moins de deux fiècles ren-dre inutiles les travaux de tant d'Artiftes ingénieux qui les avoient précédés.

C'eft fur une révolution fi étonnante dans l'Hiftoire des Arts que j'ofe encore communiquer aux Amateurs quelques obfervations. Sans m'engager à fixer au jufte les époques des différens goûts qui fe font fuccédés dans la conftruction de nos Temples, je m'attacherai aux fiècles qui offrent des différences plus marquées. Affez d'Auteurs anciens nous ont parlé des incurfions des Barbares dans l'Empire Romain, mais aucun ne s'eft appliqué à nous peindre les changemens qu'elles ont produits dans les Mœurs, les Sciences & les Arts. Cependant, cet objet méritoit au moins autant leur attention, que les Batailles, les Maffacres, les Incendies dont ils nous ont fait tant d'affreux tableaux.

Leur silence sur la partie la plus intéressante de l'Histoire, nous réduit aujourd'hui à deviner, à nous jetter dans des conjectures qui souvent ne nous satisfont pas nous-mêmes, & qui pour mériter quelque confiance de la part du public demandent la plus profonde étude, une connoissance parfaite de l'Antiquité. Heureusement pour moi, je n'ai à parler ici ni de Gouvernement, ni de Politique, ni de Philosophie. Les Monumens qui vont m'occuper n'exigent que des yeux, & un peu d'esprit de comparaison. Je les considérerai donc dans trois âges différens : depuis le quatrième siècle, jusqu'au neuvième ; depuis le neuvième jusqu'à la fin du quinzième ; & depuis ce tems-là jusqu'à nous.

Le Christianisme n'avoit point attendu le quatrième siècle pour avoir des lieux consacrés aux cérémonies de la Religion, & destinés aux assemblées des Fidèles ; mais poursuivi presque sans relâche par des ennemis cruels, il ne se distinguoit dans les Villes que par la vertu & le courage de ses enfans. Nul monument considérable ne l'annonçoit. Les Temples du Paganisme frappoient, de tous côtés, les yeux par leur

majesté & leur richesse ; ceux du vrai
Dieu, d'abord pratiqués sous terre, échap-
poient à la curiosité inquiète des persé-
cuteurs. Tout au plus une salle ménagée
dans l'intérieur de quelque maison profane, étoit le bercail où les Pasteurs ras-
sembloient leurs troupeaux timides, le
Sanctuaire où la Divinité étoit véritablement adorée, l'asyle des seuls hommes
religieux qui fussent alors sur la terre.

Si l'on en croit quelques Auteurs Ecclésiastiques, les Chrétiens avoient avant
le règne de Constantin des Eglises spa-
cieuses & ornées, puisque, selon eux, le
premier soin de ce Prince après la défaite
de Maxence, fut de réparer les Temples
du vrai Dieu. A prendre à la lettre le témoignage de ces Ecrivains, on ne pourroit le faire valoir tout au plus qu'en
faveur des Eglises de l'Orient, de l'Asie-
mineure, par exemple, de la Syrie, de la
Basse-Egypte : il ne sçauroit regarder celles de l'Occident. Quoique depuis Trajan
jusqu'à Constantin les Empereurs fissent
autant de séjour en Asie qu'en Europe ;
il paroît que le Christianisme étoit plus
gêné dans cette partie du monde que par-
tout ailleurs. Sous les Princes plus modé-

rés que Dioclétien , on put profiter des momens de paix qu'ils accordoient pour abandonner les Catacombes (1) , & ériger, à la vue des Payens mêmes , quelques monumens uniquement confacrés au Culte Divin ; mais il n'y eut point de vraie liberté , tandis que les Empereurs furent idolâtres. Par conféquent, la crainte toujours préfente d'une révolution prochaine , empêcha de donner aux Eglifes une grandeur qui eût excité la jaloufie des Infidèles , & attiré de nouvelles tempêtes. Ces grandes , ces riches Eglifes dont parlent Eufébe & Nicéphore , n'étoient riches, que par comparaifon avec les fouterreins, avec les Oratoires où l'on

---

(1) Les *Catacombes* étoient originairement des Sablonnières excavées aux portes de Rome, dont les Chrétiens des deux premiers fiècles profitèrent pour fe dérober à la perfécution. En creufant toujours devant eux, ils formèrent enfin des Villes fouterreines d'une vafte étendue. De diftance en diftance, étoient ménagés des carrefours deftinés aux pieufes affemblées des Fidèles , & à la célébration des Saints Myftères. Ces Catacombes font , felon moi, une des curiofités les plus frappantes des environs de Rome.

se rassembloit en secret dans les tems de persécution. Elles étoient assez publiques pour que les Payens n'ignorassent pas qu'elles existoient, elles étoient trop simples pour qu'on y apperçût quelque sorte d'envie de le disputer aux Temples des faux-Dieux.

Il n'existe aujourd'hui aucun de ces monumens de la Religion naissante & persécutée ; mais pour s'en former une juste idée, il suffit de considérer ceux qui furent érigés à sa gloire, quand elle eut pour elle les Maîtres du monde ; & qu'elle put hardiment braver l'idolatrie. Rome en possède encore plusieurs construits ou sous le règne de Constantin lui-même, ou sous celui de ses enfans & de ses Successeurs, jusqu'à la chûte totale de l'Empire. Ce que j'en dirai sera le commentaire des descriptions que font les Annalistes des Temples de leur siècle.

C'est donc du règne de Constantin qu'il faut dater, pour raisonner avec quelque certitude sur la forme, l'Architecture & la décoration des premiers Temples du Christianisme en Occident. Ce Prince ne se contenta point, après la défaite de Maxence, de réparer les Eglises qu'il trouva

déja conftruites. Il voulut fignaler fon
zèle par des monumens qui annonçaffent
le triomphe de la Religion qu'il fe pré-
paroit à embraffer. Il auroit pu l'enrichir
de quelques-uns des plus beaux Temples
du Paganifme, & la poftérité en louant la
piété de Conftantin eut admiré fon goût.
Mais, foit que les plus vaftes Temples de
Rome lui paruffent encore trop petits,
foit qu'il crût devoir dans les commence-
mens ménager les Idolâtres, il voulut du
neuf, & donna fon propre palais de *Latran* au *Mont-Cœlius*, pour y conftruire la
première Eglife Chrétienne qui ait porté
le titre de *Bafilique*. Bientôt après, il fit
bâtir celle de Saint-Pierre au *Mont-Vatican*,
& tout de fuite celle de Saint-Paul fur le
chemin d'Oftie : le même Plan fervit pour
ces trois édifices ; & quand j'aurai décrit
celui de Saint-Paul, le feul qui ait confervé fa forme primitive, on fe peindra
exactement les autres. Mais il faut d'abord
conftater la véritable origine du titre de
Bafilique qu'on leur donna, & qu'ont
porté enfuite prefque toutes nos grandes
Eglifes.

Ceux qui ont trouvé de grandes difficul- Defcrip-
tés à fixer cette origine, ou ne connoif- tion d'une
Bafilique.

H 4

ſoient pas Vitruve & ſes Commentateurs, ou n'avoient point vu Saint-Paul de Rome, ou n'avoient point rapproché la ſtructure de cette Egliſe des règles que donne l'Architecte Romain pour la conſtruction des édifices appellés *Baſiliques*. Ceux-ci conſiſtoient en un corps de bâtiment ordinairement deux fois plus long que large, & terminé en hémicycle à une de ſes extrémités. Deux rangs de colonnes, chaque rang compoſé d'un double ordre, règnoient dans toute la longueur de l'intérieur & formoient au plain-pied dans le milieu une grande allée de colonnes à colonnes, & deux petites allées latérales des colonnes aux murailles voûtées ou plafonées à la ſéparation du double ordre; à l'extrémité terminée en hémicycle on ajoutoit quelquefois une branche ou bras de côté & d'autre, d'où le bâtiment prenoit la forme d'un T, & ſelon quelques-uns la dénomination de *Baſilique Chalcidique*. Placés dans le voiſinage des places publiques, ils ſervoient aux Négocians, aux Plaideurs, & aux Rhéteurs. Les premiers s'y raſſembloient en hiver pour parler de leur commerce, les autres en tout tems : ceux-ci pour faire décider

leurs procès par le Magiftrat qui fiégeoit
dans l'hémicycle appellé par cette raifon
Tribunal; ceux-là pour réciter leurs Ouvrages & aider les Plaideurs. Mais pourquoi
ce lieu d'affemblée fut-il appellé *Bafilique?*
C'eft qu'il avoit prefqu'entièrement la
forme & les ufages de ces grands appartemens où les Empereurs & les Rois rendoient quelquefois eux-mêmes la Juftice.
Parmi les édifices publics compofés d'un
feul corps de bâtiment , la Bafilique paroît avoir été un des plus grands.

Appliquons maintenant ce que je viens
d'en dire aux Eglifes conftruites par Conftantin. Ce Prince voulut du grand , parce
que fa protection alloit rendre déformais
les Affemblées des Chrétiens plus nom-
breufes ; il voulut du majeftueux , parce
que l'objet de fes libéralités le demandoit ;
il voulut du commode , afin que les cérémonies de la Religion fe fiffent avec
plus de décence ; peut-être voulut-il auffi
un édifice qui retraçât le figne de la Croix
auquel il devoit fes plus folides fuccès.
Un bâtiment de la forme d'une Bafilique
lui donnoit tout cela. Il fe fixa à ce modèle, & l'employa dans toutes les Eglifes
qu'il fit bâtir. La reffemblance étoit fi

parfaite, que le nom de *Basilique*, fut donné à ces premiers Temples, qui ne différoient réellement que par l'objet & l'usage, des lieux où s'assembloient, à Rome, les Négocians & les Plaideurs. Vitruve reparoissant aujourd'hui sur la terre reconnoîtroit une Basilique dans l'Eglise de Saint-Paul. Il la retrouveroit encore en grande partie dans nos Cathédrales Gothiques, mais il la chercheroit envain dans l'Eglise de Saint-Pierre, parce qu'elle présente trop de différences dans la forme & la distribution.

S. Paul de Rome.   Après la description que je viens de faire d'une Basilique telle qu'elle étoit chez les Romains, il ne me resteroit rien à dire de celle de Saint-Paul, si l'on y trouvoit le goût, la régularité, la bonne Architecture des modèles dont elle est la copie ; mais, à la forme & à la distribution près, on n'y voit rien de cette Science des proportions & des ornemens qui frappoient sans doute dans les Basiliques Antiques. Rien ne prouve mieux que ce monument à quel point étoit déja déchue l'Architecture sous Constantin. Car je ne crois pas que ce soit plutôt à la simplicité Chrétienne, qu'à l'ignorance, qu'il faille attri-

INTÉRIEUR DE L'EGLISE ET BASILIQUE DE SAINT PAUL DE ROME

buer un mépris des règles auffi affecté
que celui qu'on apperçoit dans l'édifice
dont je parle. Il faut en conclure que les
Barbares ne firent que confommer la décadence de tous les Arts , déja bien avan-
cée avant que les Goths euffent brûlé feulement une cabanne en Italie. Quoique
Théodofe le Grand ait auffi contribué à
l'embelliffement de Saint-Paul , on n'y
apperçoit aucune différence de travail qui
foit à l'avantage de Conftantin. L'inter-
valle de cinquante ans au plus qui fépare
les Règnes de ces deux Princes n'avoit
pas rendu les Artiftes beaucoup plus igno-
rans. Ainfi , je donnerai tout l'honneur
de l'ouvrage à ceux qu'employa Conftantin.

La forme de cette Eglife eft donc , à
peu de chofe près , celle d'une Bafilique
Chalcidique. La Nef eft ornée de quatre-
vingt colonnes de marbre , prefque toutes d'un feul bloc, qui forment cinq allées. Celle du milieu en a vingt de chaque côté : les latérales en ont autant. Des
quarante qui bordent la grande Nef, vingt-
quatre ont été tirées , à ce qu'on prétend ,
du Maufolée d'Adrien. Elles ont environ
trois pieds de diamètre , font Corinthien-

nes , cannelées , d'un marbre blanc &
violet quelquefois bleu célefte , & l'Antiquité ne préfente rien en ce genre de plus
précieux pour la matière & le travail. Les
feize autres , d'un blanc grisâtre , font ce
que l'on peut voir de plus groffier. Il n'y
en a pas deux qui fe reffemblent dans toutes leurs proportions ; il n'y en a pas une
dont les cannelures foient droites , bien
vuidées & d'une profondeur égale. On fent
que le Sculpteur n'a travaillé qu'en tâton-
nant ; que deftitué de principes, il n'a pas
donné un coup de cifeau , fans regarder
avec inquiétude fon modèle , qu'il a cru
l'avoir bien imité après avoir fillonné le
fût depuis le chapiteau jufqu'à la bafe.
Les quarante colonnes des bas-côtés font
de Granit , & beaucoup moins groffes
que les premières. Elles font liffes , en ce
fens qu'elles n'ont point de cannelures
rarement ufitées dans le Granit ; mais la
furface eft brute & même endommagée
en plufieurs endroits. Dans les deux branches de la Croix , on voit auffi beaucoup
de colonnes de différens marbres , mais
placées fans rapport à la groffeur & à la
couleur. Les bons Architectes Grecs &
Romains avoient toujours pofé un enta-

blement fur les colonnes; ceux de Conftantin ne le crurent pas néceffaire , & on
n'en voit nulle part dans la Nef de Saint-
Paul. Sur les colonnes, liées l'une à l'autre par de petites arcades, s'élève un mur
de plus de trente pieds de haut qui tient
la place du fecond ordre employé dans
les Bafiliques Romaines. Les deux branches de la Croix feules font plafonnées;
la grande Nef & les bas-côtés ne font
couverts que par le toît dont on apperçoit toute la charpente.

Je crois devoir faire obferver ici: 1°. Que
l'ufage des voûtes étoit inconnu dans les
premières Eglifes de Rome. Ce qui me le
perfuade ; c'eft que toutes celles qui re-
montent à la plus haute Antiquité ne font
point voûtées, & elles font en très-grand
nombre : 2°. Que ces mêmes Eglifes aujourd'hui entièrement plafonnées, ne l'ont
été que dans ces derniers tems; que jufqu'au milieu du feizième fiècle , il n'y
avoit de plafonds qu'au - deffus du Sanctuaire , & que le refte n'étoit pas plus richement couvert, que ne le font en France nos plus pauvres Eglifes de Campagne:
la meilleure preuve que j'en aie , eft ce
que l'on voit à Saint-Paul , ce que l'on

Les pre-
mières
Eglifes
Chrétien-
nes fans
voûtes.

voyoit dans l'ancienne Basilique de Saint-Pierre, dans celle de Saint-Jean-de-Latran, de Sainte-Marie majeure ; & ces quatre Temples étoient les principaux de Rome. Il n'est pas probable qu'on ait plus négligé leur décoration, que celle de tant d'autres qui n'avoient ni leur dignité ni leur grandeur. On ne peut point attribuer cette singularité à la pauvreté des Fondateurs ; la timidité des Architectes pourroit être soupçonnée d'y avoir eu quelque part, si l'on ne voyoit, que ceux qui voûtèrent les Thermes de Constantin, pouvoient aussi facilement voûter une Eglise. Dira-t-on que l'on voulut imiter en tout les Basiliques Payennes qui n'avoient peut-être de plafond qu'à l'endroit ou siégeoit le Magistrat ? Mais Vitruve parle de voûte en décrivant la Basilique construite sur ses dessins à *Fanestre* aujourd'hui *Fano*. Quoiqu'il en soit de cet usage singulier, je me contente de l'avoir fait remarquer. Cela suffit au but que je me propose en écrivant sur les Temples des Chrétiens, revenons à Saint-Paul. Pour toute façade, il y a un portique moderne d'environ vingt pieds de haut. Le reste est un mur de briques, enjolivé de quelques mofaïques dont les figures n'ont jamais fervi de modèle à Raphaël.

Voilà, ce qu'on peut appeller la *Carcaffe* de l'édifice que je décris, & déja on y découvre fans doute un goût de conf-truction qui annonce que les beaux fiècles de l'Architecture font paffés. Mais qui pourroit fpécifier, toutes les abfurdités de détail que l'on rencontre à chaque pas dans cette Eglife? Ici, des colonnes fans bafe; là, pour toute bafe une groffe pierre quarrée; du Corinthien répondant à du Compofite; du Tofcan & de l'Ioni-que à côté l'un de l'autre, &c. & de quel travail? du plus pauvre dans le deffin, du plus lourd dans l'exécution, ce ne font pas même de bonnes ébauches. J'excepte ce qui appartient aux vingt-quatre colon-nes du Maufolée d'Adrien; tout y eft parfait. Mais ce qu'il y a de fingulier par rapport à elles, c'eft qu'on en a mis treize d'un côté, & onze de l'autre. Cette dif-traction eft plus que ridicule.

La magnificence de Conftantin & de Théodofe ne réuffit donc qu'à faire un vafte édifice. Pour le décorer, on mit à contribution une partie des monumens conftruits dans les meilleurs tems. Ce fut un coup funeste porté à l'Architecture , puisqu'il lui ôta la seule ressource capable de ramener au bon goût avant que le mauvais eût entièrement prévalu. On annéantit d'excellens modèles dont on auroit dû profiter , & l'on n'en créa que de pitoyables qui furent trop bien & trop constamment imités.

Après la paix rendue au Christianisme, les Eglises se multiplièrent à Rome plus que par-tout ailleurs. On en érigea sur les tombeaux des Martyrs , & dans les maisons qu'ils avoient habitées. Les Oratoires particuliers furent aggrandis, & changés en Temples publics. Les Edits portés par les Empereurs depuis Constance jusqu'à Théodose le jeune , pour la destruction des Temples du Paganisme, fournirent à la Religion des dépouilles très-précieuses, mais qui furent très-mal employées. On ne vit rien de mieux à suivre pour les Plans, que celui des trois grandes Basiliques de Constantin , & on les répéta par-tout en petit. La seule différence remarquable est , que quelques-unes de ces anciennes Eglises n'ont point de Croix à l'extrémité comme celle de Saint-Paul. Du reste, elles ont comme celles-ci

des

des colonnes raſſemblées de toutes parts,
diſpoſées ſans égard à leur longueur, &
à leur groſſeur reſpective, à l'eſpèce du
marbre, à l'ordre, aux ornemens, &c. à
celles qui étoient trop longues, on n'a
point donné de baſe; on en a donné deux
à celles qui étoient trop courtes, & par-
là tout s'eſt ajuſté. La mode des entablemens étoit paſſée; il en coûtoit trop pour
ſculpter une friſe, & tailler les moulures
d'une corniche. Des Maçons avoient plutôt élevé un mur tout nud ſur de petites
arcades; & ce mur ſe trouve par-tout.

Ce ſeroit courir riſque d'ennuyer, que
de pouſſer plus loin ces détails. Celui
qu'on vient de lire m'a paru néceſſaire
pour appercevoir les premières nuances
tranchantes qui ſéparent la bonne Architecture Grecque de la mauvaiſe. En un
mot, & pour n'y plus revenir, toutes
les Egliſes de Rome, excepté d'eux ou
trois *Rotondes*, & celles qui ont été conſ-
truites, ou *modernées* depuis la renaiſſance
des Arts, ſe reſſemblent dans le plan.
Toutes ont les mêmes défauts, toutes ne
préſentent, dans leurs plus riches ornemens, qu'une miſérable rapſodie de pièces
de toutes formes & de toutes couleurs,

placées sans goût & sans intelligence : voilà
les chef-d'œuvres de douze siècles consé-
cutifs. Quand on les a vus, on sçait à
quoi s'en tenir sur cette magnificence que
leur donnent les Auteurs des Vies des
Papes, tels que le Bibliothécaire Anastase,
Platina, &c.

Peu d'anciens Temples changés en Eglises.

Un Etranger allant à Rome, après avoir
lu nos Annalistes Ecclésiastiques, s'attend
à voir cette Ville remplie de beaux monumens Antiques, que la Religion a sauvés
des ravages du tems & de la barbarie. Mais
quelle est sa surprise de n'en trouver que
cinq ou six, dont un seul s'annonce, &
se fait connoître au premier coup-d'œil !
Non, dans tout Rome moderne, on ne
voit que cinq ou six Églises qui aient été
des Temples de Rome ancienne, & ils
n'étoient ni les plus grands, ni les plus
beaux, le Panthéon excepté. Un grand
nombre des plus célèbres existoient encore au tems du siège par Alaric. Dès-
lors le Christianisme étoit florissant, & il
le devint encore plus dans la suite jusqu'à
l'irruption de Totila. C'étoit le tems favorable pour appliquer à son usage ce
que le Paganisme avoit de plus magnifique. Cependant, il paroît que l'on prit

le parti de détruire , & d'exécuter à la lettre les Edits des Empereurs. Si cela n'étoit pas , comment de plus de deux mille Temples grands ou petits que renfermoit Rome dans les beaux jours de l'Empire , en subsisteroit-il aujourd'hui si peu ? Il n'y en pas même un seul qui ait été autrefois une Basilique profane. Ainsi, ce n'est pas de la Consécration de cette espèce d'édifices au vrai Dieu , que nos Temples ont pris le titre de *Basiliques* , comme le prétendent quelques-uns.

Baronius , sur l'an 44 de Jésus-Christ, dit que l'Eglise crut pouvoir avec bien-séance convertir , en Temples Chrétiens, les Temples des Idoles ; & dans ses notes sur le Martyrologe Romain , il dit : qu'a-près bien des recherches , il a trouvé que jusqu'au tems de Saint-Grégoire le Grand on avoit renversé tous les Temples , & que ceux qui avoient échappé à la des-truction avoient paru indignes de servir au Culte de Dieu après avoir été habités par les Démons. Pour ôter la contradic-tion que présentent ces deux textes, il faut dire que par le second , Baronius énonce ce qu'il croit s'être pratiqué avant Saint-Grégoire, & que par le premier, il a en vue ce qui se pratiqua après ce grand Pontife. Ce qu'il y a d'incontestable, c'est que l'on détruisit plus de Temples qu'on n'en consacra au Culte du Christianisme. Ce n'est point ici le lieu d'appuyer sur les justes motifs qui portèrent à anéantir ces monumens du Paganisme. Je dois seulement faire observer qu'une des principales raisons accessoires pour ne les point conserver, fut qu'en général ils étoient trop petits & peu propres aux cérémonies de la Religion. J'ai parlé ailleurs du Temple de Faustine ; il sert aujourd'hui de Chapelle à une simple *Confrairie* qui ne l'a point trouvé assez grand, & y a fait des accroissemens. Le Temple de Remus, qui étoit une *Rotonde*, n'est que le vestibule d'une Eglise de Religieux Franciscains.

TEMPLES

GOTHIQUES.

ARTICLE PREMIER.

L'ARTICLE que l'on vient de lire a
dû donner une idée de ce que l'Architecture de nos Temples fut à Rome pendant douze siècles. J'ai pu assurer qu'elle
n'y varia point jusqu'à la fin du quinzième;
parce que j'ai vu les monumens dont j'ai
parlé, & qu'en suivant d'âge en âge la
date de leur construction, j'ai sçu de leur
histoire ce qui suffisoit pour arrêter mon

jugement. De cette uniformité conſtan-
te il réſulte , que l'Architecture Grecque ne ſe dénatura jamais à Rome &
en général dans l'Italie comme dans les
autres parties de l'Europe. A Rome , autant
qu'ailleurs, on en oublia , il eſt vrai, les
proportions, l'élégance , les ordonnances
ſçavantes, mais on en conſerva toujours le
fond ; & en voici la raiſon : Les anciens
Romains avoient tellement multiplié les
colonnes dans leurs édifices publics &
particuliers , qu'après les incurſions des
Barbares , & les ravages des guerres civi-
les qui leur ſuccédèrent, il ſe trouva plus
de matériaux qu'il n'en falloit , pour décorer les Temples du Chriſtianiſme. On
n'en chercha point ailleurs que dans les
débris de tant de ſuperbes édifices réduits
en cendres. On les employa d'autant plus
volontiers , que la matière en étoit plus
précieuſe ; qu'ils étoient tout préparés ,
& qu'il ne s'agiſſoit que de les rapprocher. Malgré le peu de juſteſſe que l'on
mit dans cette opération, elle ſuffit pour
entretenir une eſpèce de tradition, ſi je
puis m'exprimer ainſi , & conduire dans
la ſuite à quelque choſe de meilleur. Il

s'établit, soit en réparant, soit en bâtif-
fant du neuf, une routine de *rhabillage*
dont on ne s'écarta point ; & cette routine jointe à quelques reftes d'anciens monumens fut l'heureufe étincelle qui enflam-
ma le génie des Artiftes du quinzième
fiècle.

Les régions fituées au nord de l'Italie,
& en-deça des Alpes, n'eurent pas ces
avantages. Eloignées de Rome, habitées
par des peuples à demi-Barbares, elles ne
connoiffoient point les Arts de la Grèce,
avant d'avoir connu les Romains. Ceux-
ci même, en étendant leurs conquêtes,
ne portèrent leur grand luxe, que dans
les Provinces des Gaules & de l'Efpagne
les plus voifines de la Méditerranée, &
dans celles de la Germanie qui étoient au
Midi du Danube. Ce n'eft guères que dans
la Provence, le Languedoc, la Catalogne,
&c. que l'on trouve quelques reftes confidérables de monumens des anciens Romains, tels que des Temples, des Thermes, des Amphithéâtres. Mais certainement ces édifices étoient moins magnifiques que ceux des plus petites Villes mu-
nicipales du Latium & de l'Etrurie. Dans

les parties Méridionales de la France, on a trouvé affez de Médailles, de Vafes, de petites Statues, peu de colonnes antiques: preuve bien forte que les plus fomptueux monumens n'en avoient point, ou n'en avoient que de pierre & de brique. Au nombre des curiofités de Lyon font les quatre colonnes de Granit que l'on voit dans l'Eglife Abbatiale d'Ainay, & qui autrefois n'en faifoient que deux. Je ne fache pas qu'il y ait d'autres grandes colonnes antiques à Lyon. Lyon fut cependant le féjour de plus d'un Céfar, & les Gaules n'avoient point de Cité plus célèbre.

Dans cette difette de colonnes, la deftruction des Temples du Paganifme ne fournit donc prefqu'aucune reffource aux Villes des Gaules, d'Efpagne & d'Allemagne, pour donner à leurs édifices facrés quelque chofe d'élégant & pour entretenir un peu la pratique qu'on pouvoit y avoir de l'Architecture Grecque. On fut réduit à imiter; & l'imitation devint, avec le tems, fi bifarre, qu'elle eut le nom d'invention. Mais fi l'on peut faire un mérite à un peuple d'avoir imaginé le goût de conftruction que nous nommons

Gothique, à quel peuple faut-il en donner la gloire ? C'eſt ſans doute aux Goths, dira-t-on, comme le Corinthien eſt dû aux Artiſtes de Corinthe. Cette opinion eſt trop ancienne & trop univerſelle, elle a des conſéquences trop peu importantes, pour que j'entreprenne de la combattre avec quelque eſpérance, ou même quelque envie de la détruire. Je me permettrai ſeulement quelques obſervations, qui, à l'ordinaire, n'ont pour objet que de me débrouiller un peu à moi-même l'hiſtoire de l'Architecture, & de m'aſſurer ſi l'ordre Gothique appartient aux Goths, comme l'ordre Dorique appartient aux Doriens.

Pour que les Goths ſoient regardés comme les inventeurs de l'Architecture appellée *Gothique*, il faut, ou qu'ils l'aïent apportée des pays d'où ils ſont ſortis, ou qu'ils l'aient imaginée après s'être fait des établiſſemens fixes en Italie, & dans les autres parties Méridionales de l'Europe. L'un ne me paroît pas plus vraiſemblable que l'autre.

1°. Tous les Hiſtoriens qui, en parlant des Goths, n'ont point donné dans la fable & le merveilleux fur leur origine, leur ancienneté, leurs mœurs, &c. s'accordent à nous les repréſenter comme des Barbares qui n'ont commencé à être connus dans l'Hiſtoire, que quand ils ont commencé à porter le fer & le feu dans le ſein de l'Empire Romain. Qu'ils aient habité les bords de la Viſtule ou ceux du Tanaïs; qu'ils ſoient ſortis de la Suède ou de la Scythie, peu importe. Nommer quelqu'un de ces pays, tels qu'ils étoient il y a quinze ſiècles, c'eſt exclure toute idée d'Arts & de Sciences qui n'ont point de rapport à la guerre; & certes, l'Architecture Gothique, quelque groſſière qu'on la ſuppoſe, dès qu'on ne la borne point à de ſimples murailles, demande plus de combinaiſons, que n'avoient le tems d'en faire des peuples ſouvent errans, & preſque toujours armés contre leurs voiſins. Ils n'habitoient pas ſous des tentes, je veux bien le croire à raiſon de la rigueur du climat; mais leurs maiſons n'étoient que de ces cabannes, dont la nature ſeule enſeigne la conſtruction à quiconque veut ſe garantir des injures de l'air, & de la dent des bêtes féroces. l'Architecture ne fut sans doute chez les Goths, que ce qu'elle fut chez tous les peuples de la terre moins inventifs que les Egyptiens ou les Grecs, ou qui n'avoient avec eux aucun commerce.

2°. Il est bien difficile de se persuader que les Goths aient inventé en Italie un Art qu'ils ne connoissoient point dans leur propre pays. Ils n'eurent d'établissemens fixes dans ces belles contrées, que plus de deux cens ans après y avoir paru pour la première fois sous Marc-Aurèle. Depuis cette première époque jusqu'à Théodoric, le premier des Rois Goths qui ait donné des loix à l'Italie sans avoir les armes à la main, qu'étoient les Goths, & qu'elle figure faisoient-ils dans l'Europe? Celle qu'y avoient faite, avant eux, les Daces, les Quades, les Marcomans, &c. celle qu'y faisoient en même-tems qu'eux, & de concert avec eux, les Huns, les Vandales, les Gépides, &c. Les Goths n'étoient alors qu'une armée avide de pillage, errante au gré de son Chef, fondant tantôt sur une Province de l'Empire, tantôt sur une autre; aujourd'hui dans les gorges des Alpes, demain aux portes de Rome; dé-

truifant les Villes qui lui réfiftent, s'éta-
bliffant, jufqu'à nouvel ordre, dans celles
qui la reçoivent ; employant fon repos à
forger des armes & ne penfant à conftruire
ni maifons, ni Temples. Je la vois revenir
pour la dernière fois du fond de la Thrace
conduite par Théodoric. Celui-ci partage
d'abord avec un rival, & occupe bientôt
feul les Etats du dernier Empereur d'Occident ; il fe fixe à Ravenne, y établit le
fiège de fon Empire, difperfe fes foldats
dans l'Italie, & d'une multitude de Barbares de différens noms, il fe forme un
peuple qui porte celui de Goth. Théodoric a quelques fuccefleurs moins tranquil-
les & moins heureux que lui. Toujours
en guerre contre les Empereurs d'Orient,
ils fuccombent enfin ; ils abandonnent
fans retour l'Italie, vont joindre avec
leurs fujets ceux de la même nation qui
s'étoient déja établis en France & en
Efpagne, & enfin au commencement du
huitième fiècle, il n'y a plus dans ces contrées de l'Europe un feul Royaume des
Goths.

Or connoit-on en Italie, en France,
en Efpagne, en Allemagne un feul Tem-

ple appellé *Gothique*, qui date de ce tems-
là ? Pour pouvoir faire honneur aux Goths
de l'Art dont on leur attribue l'invention,
il me paroît nécessaire qu'il existe quelque grand monument bâti par eux, &
qui soit dans le goût de Notre-Dame de
Paris, par exemple. Nous disons tous les
jours, à la vue de nos anciennes Cathédrales, que ceux qui les ont construites
bâtissoient solidement ; & cela est vrai. Il
y a plus de cinq cens ans que Notre-Dame
de Paris subsiste ; & elle en subsistera encore deux fois autant, si sa ruine ne vient
que d'une mauvaise coupe de pierres,
d'une mauvaise liaison de matériaux, de
défaut d'a-plomb. Un pareil édifice qui
dateroit de mille ans ne seroit pas un
prodige d'antiquité, & alors la date
de sa construction se rapprocheroit du
tems des Goths. Cependant j'ai peine à
croire qu'on en puisse trouver en France
& en Italie d'antérieur au dixième siècle,
& qui ait été achevé dans l'espace de cent
ans. Car on ne détruiroit pas ma conjecture, en me citant un Temple dont les
fondemens auroient été jettés dans le neuvième siècle, & la Croix posée sur le clo-

cher dans l'onzième : il faut obferver que prefque toutes nos Cathédrales font l'ouvrage de deux ou trois fiècles. De là, ces difparates fi communes entre les différentes parties de l'édifice. Ici, beaucoup de péfanteur, là, beaucoup de légéreté ; des galleries à une extrémité, un mur tout nud à l'autre ; des coudes choquans à la réunion de la Nef & du Chœur, &c. défauts qui marquent un travail de plufieurs mains, & dans les Architectes qui fe fuccèdent une grande indépendance des deffins arrêtés par leurs prédéceffeurs.

Deux dif-
férens âges
de l'Ar-
chiture
Gothique.
　　Je fçais qu'on diftingue deux âges dans le *Gothique* : le premier où il fut extrêmement lourd ; le fecond où il fut plus délié, & où l'excès de délicateffe devint même un défaut. Mais peut-ón en conclure que nos Architectes n'ont fait que perfectionner ce que les Goths avoient inventé. Cette diftinction d'âges ne me paroît ni auffi - bien fondée, ni auffi - bien marquée que celle qui regarde l'Architecture Grecque. On peut dire réellement que celle-ci a eu différens âges, fi, conféquemment à des principes puifés dans la nature, à des règles de proportions dé-

duites l'une de l'autre & faifies par des efprits juftes, on la voit paffer du mauvais au bon, du bon à l'excellent. Mais dans le *Gothique*, il ne s'agit de rien moins que de proportion & d'harmonie. On paffe d'une extrémité vicieufe à l'autre, fans autre raifon que le caprice, que le plus ou moins de hardieffe des conftructeurs. La Cathédrale de Bourges eft du même-tems que celle de Rouen, & toutes deux font des plus anciennes du Royaume. Celle-ci eft une maffe énorme, celle-là ne pefe point fur la terre. Notre-Dame d'Amiens eft du milieu du treizième fiècle; Notre-Dame de Paris eft de la fin du douzième. Maître Etienne de Luzarche qui conftruifit la première avoit plus de légereté dans l'efprit, que l'Architecte de la feconde. La conftruction de ces deux monumens fe touche de fi près que ce n'eft point à la différence des tems qu'il faut attribuer celle de leur mérite. Elle vient uniquement du talent refpectif des Ouvriers. Si le Gothique a eu deux âges, le premier a certainement commencé tard & duré peu, à moins qu'on ne veuille dire qu'il fe trouve encore dans le fecond.

Mais enfin, comment s'est établi un goût d'Architecture si éloigné de celui des Grecs ?

ARTICLE

ARTICLE II.

Origine de l'Architecture Gothique.

POUR une des premières causes qui ont fait abandonner l'Architecture Grecque, il faut nécessairement assigner l'ignorance dans laquelle étoient déja tombés les Artistes long-tems avant que les Goths règnassent hors de leurs pays. Il ne faut cependant pas la supposer universelle, & croire qu'en Architecture les hommes se soient retrouvés au point où ils étoient, lorsqu'ils construisoient des cabannes avec des troncs d'arbre fichés en terre : le bon goût de l'Art, ce qui appartient à la décoration se perdit entièrement, mais ce qui en fait la Science se conserva. On n'oublia jamais le secret de jetter une voûte, mais de plusieurs formes de voûtes employées par les Architectes Grecs & Romains, on s'attacha à celle qu'on nomme *Croisée* ; on n'en fit point d'autres, & elles se trouvent dans les plus petits Cabinets, comme dans les plus vastes

Eglifes. On n'oublia point que les colonnes ou les piliers deftinés à porter une voûte devoient avoir une force proportiónnée à leur ufage ; mais on oublia que cette force intrinsèque devoit encore fe montrer au-dehors, afin que l'œil fût fatisfait, & l'imagination tranquille.

Je m'imagine donc voir nos premiers Evêques de France, avant que le Chriftianifme fût libre, délibérer fur la conftruction d'une Eglife capable de contenir tout leur troupeau, qui, malgré la perfécution, devient nombreux. Ils font pauvres, & leur premier objet, après le fpacieux néceffaire, doit être le folide. Dèslors il fuffit de renfermer entre quatre bonnes murailles un terrein de quinze ou vingt toifes en long & en large. On le couvre d'une charpente toute unie, point de voûte, point de plafond, tout fe reffent de la fimplicité, de la timidité de ceux pour qui on travaille. Cependant le Chriftianifme triomphe peu-à-peu de l'idolatrie : des Villes prefqu'entières font Chrétiennes, & il faut fonger à étendre les dimenfions des Temples. Quatre murailles toutes fimples ne fuffifent plus ; trop d'élévation les rendroit moins folides, & à raison de leur éloignement l'une de l'autre, il seroit impossible de poser un comble. Quel moyen de diminuer la largeur du haut, sans rien perdre de celle du bas? Point d'autre, que d'élever d'abord un mur d'enceinte d'une hauteur médiocre, de disposer ensuite dans la longueur de l'intérieur des colonnes, de les lier l'une à l'autre par une Architrave, ou par des Arcades. Celles-ci serviront de base à un second mur sur lequel posera la charpente qui doit couvrir la grande Nef, ce qui est le plus difficile. Un petit toît rampant appuyé sur le mur d'enceinte & butant contre le mur que portent les colonnes couvrira les allées collatérales. A Rome où l'on a des colonnes, on s'en sert; ailleurs où l'on en manque, on fait des piliers qui les imitent.

Falloit-il être Goths pour faire des combinaisons si simples, en supposant que les Goths fussent de beaux esprits? Non assûrément, puisqu'on les avoit faites avant que les Goths parussent; puisque les plus anciennes Eglises de Rome n'en présentent point d'autres. On ne peut guères douter que ces dernières n'aient servi de modèles à toutes celles qui furent construites hors de l'Italie. Les fréquens Voyages que faisoient dans la Capitale du monde Chrétien, ou par devoir, ou par dévotion, les Evêques des autres pays, leur donnoient la facilité de saisir des Plans dont ils faisoient usage quand ils étoient de retour chez eux. Le respect même pour les premières Basiliques que la Religion eut dans l'Occident, engageoit à en imiter la construction. De pareils édifices ne sont pas d'une Architecture Grecque, cela est clair; on n'y voit rien de ce que l'on appelle *Exastyle*, *Octostyle*, *Ionique*, *Corinthien*, &c. Mais on n'y voit rien aussi qui sorte du naturel; & si ce goût de construction subsiste, nos Temples seront simples, mais ne seront point bisarres. Il subsiste, en effet, pour le fond, mais il change dans quelques accessoires, je veux dire dans la façon de distribuer & d'orner certaines parties; & ce qui me persuade que ce changement ne date que de la fin du dixième siècle, c'est qu'il n'y a point de vaste Eglise Gothique qui remonte plus haut.

Progrès de l'Architecture Gothique.   Ce qui occasionne ce changement, c'est l'état de splendeur & d'opulence où se trouve le Christianisme. Il n'y a plus alors

de Goths , de Vandales , de Lombards ,
de Normands , dont les incurfions ré-
pandent l'allarme , portent le fer & le
feu dans les monumens les plus refpecta-
bles , & empêchent de rien entreprendre
de fomptueux. Alors commencent les riches donations en faveur des Eglifes , les
fondations des Chapitres. La libéralité ,
la piété des Fidèles fournit aux Evêques
les moyens de conftruire de grands édifices. Ajoutons que prefque tout ce qu'il
y a d'Ordres Religieux habite encore les
déferts , & ne partage point dans les Villes les fonctions du Clergé féculier. C'eft
donc dans l'Eglife de l'Evêque , dans la Cathédrale que fe font les grandes Cérémonies de la Religion , que le peuple vient
recevoir les inftructions du premier Paf-
teur , que l'Evêque affemble fon Clergé
en Synode , que fe tiennent les Conciles
Provinciaux , tout cela demande de l'é-
tendue : On y ajoute bientôt la magnificence. Les Architectes fe livrent à toute
leur imagination , parce qu'on ne craint
point des dépenfes qui effraieroient aujour-
d'hui les plus puiffans Rois (1). Ils n'in-

____

(1) Quel Monarque entreprendroit aujourd'hui

K 3

ventent pas de nouvelles formes , parce qu'il eft affez généralement établi , que les édifices facrés auront celle d'une Croix, mais ils l'enrichiffent , & varient la diftribution. Les piliers s'écartent , & ouvrent de grandes Arcades ; ils perdent de leur maffe , fe délient & s'allongent. Des voûtes hardies & légeres dérobent la vue d'une défagréable charpente ; les petites lucarnes qui auparavant laiffoient à peine entrer la lumière , fe changent en vaftes fenêtres dont la Peinture ne tarde pas à relever les *Vitraux*. L'élévation & la largeur des voûtes exigent des appuis pour les murailles qui les portent, afin que celles-ci ne s'écartent point : delà les arcs-boutans extérieurs , ordinairement fimples , quelquefois doubles , fur-tout s'il y a dans l'intérieur un double rang de piliers qui augmente la largeur de l'édifice. Ces arcs-boutans ne préfentent d'abord que de

---

d'ériger un Temple comme Notre-Dame de Chartres , dans un pays tel que la Beauce , où il n'y a ni pierre , ni bois , ni fer , ni chaux , & ni rivière qui facilite le tranfport de ces différens matériaux ?

Futile, les Sculptures dont on les couvre ensuite, les pyramides qui les terminent en font un ornement.

Tandis que les Eglises n'eurent qu'une largeur & une hauteur médiocre, il ne fut pas difficile d'en orner la façade, un portique plaqué en masquoit la partie inférieure, le haut avoit une fenêtre, & à côté s'élevoit, un peu au-dessus du comble, une petite tour quarrée très-simple qui ne tenoit point au corps de l'édifice. Mais quand on voulut donner aux Temples cette grandeur que nous leur voyons, il fallut plus d'ornemens pour la façade. Au lieu d'une tour isolée, on en construisit deux, & on les fit entrer comme partie principale dans la décoration des Portails. C'est sur-tout dans ces morceaux que les Architectes se firent un point d'honneur de se surpasser l'un l'autre par l'élévation & la hardiesse, par la multitude & la bisarrerie des Sculptures. Le treizième & le quatorzième siècles produisirent ce qu'il y a de plus singulier en ce genre.

L'époque de la grande Architecture Gothique une fois fixée, sans qu'on puisse néanmoins en indiquer le premier & le plus ancien monument, on possède à-peu-près tout le reste de son histoire , quand on sçait qu'en fort peu de tems elle fut adoptée dans toutes les parties de l'Europe ; que les grandes Villes semblèrent se disputer la gloire d'avoir la plus vaste & la plus riche Eglise ; que le goût de construction employé dans les Temples passa aux autres édifices publics , & aux palais des Rois ; que jusqu'à la fin du quinzième siècle , le Gothique règna avec un empire plus constant & peut-être plus étendu que les ordres Grecs les plus gracieux & les plus magnifiques. Je n'entreprendrai point d'indiquer & de décrire ses chef-d'œuvres ; il est peu de Provinces qui n'en possédent quelqu'un , & tout le monde connoît ce que la France a de plus célèbre en Gothique.

Gothique différent chez les différentes Nations.

Mais seroit-il impossible de découvrir dans l'Architecture Gothique, sinon des différences aussi marquées que celles qui caractérisent les divers Ordres Grecs, au moins une certaine manière analoge au génie des peuples qui l'ont employée ; ensorte qu'on pût distinguer jusqu'à un certain point le Gothique François du Gothique Allemand , comme on distingue le Corinthien du Dorique ? Je ne m'engagerai pas à prouver toute la justesse d'une pareille observation , parce que je n'ai point assez voyagé pour pouvoir comparer exactement les objets. Mais d'après les monumens que j'ai vus en France & en Allemagne , d'après ceux des autres pays que la Gravure a mis sous mes yeux, j'ai presque conclu que le Gothique étoit différent selon les différens pays où on en a fait usage ; qu'il étoit plus analogue à l'Architecture Grecque en Italie , & j'en ai indiqué la raison plus haut ; qu'en Allemagne & dans les régions qui y tiennent au Nord , il étoit plus chargé d'ornemens ; qu'en France & en Angleterre il étoit en général plus simple & dès-lors moins pésant ; qu'en Espagne il tenoit du gigantesque que l'on a autrefois reproché à l'esprit de la Nation ; qu'il y étoit d'une excessive délicatesse , & que c'est des édifices construits par les Maures dans ce Royaume , qu'est venu le nom d'*Arabesque* , appliqué parmi nous au Gothique le plus délié.

Ces différences, au reste, ne prouvent pas un goût plus vrai & plus pur dans les Nations qui les offrent. Si en Architecture le goût consiste dans un juste rapport de proportions qui réponde à l'idée que nous avons de l'ordre, dans un choix & une distribution d'ornemens imités des beautés riches & simples de la Nature, il est certain que les Architectes en Gothique, de quelque pays qu'ils aient été, ont eu beaucoup de Science, & n'ont point eu de goût ; qu'à cet égard, les Italiens n'ont presque rien à reprocher aux *Tudesques*, que ce qu'on peut dire de plus flateur pour ceux qui prétendroient à la préséance en mérite, c'est qu'ils furent peut-être un peu moins bisarres que les autres. Le génie particulier des peuples, la nature des matériaux propres des différens pays, introduisirent ce qu'on appelle la manière de bâtir ; & l'on s'y tint avec une constance digne d'un meilleur objet.

Ceux qui ont vu Venise, Ravenne, Padoue, Pise, Florence, &c. ont dû s'appercevoir au premier coup-d'œil, que les grands & anciens édifices de ces Villes, quoique Gothiques, ne ressembloient point à ceux qu'ils avoient vus ailleurs. Ils ont remarqué sans doute, que par-tout où il n'y avoit point de colonnes tirées des monumens Romains, on y avoit suppléé par des piliers qui en retraçoient la

forme ; que l'ufage des portiques extérieurs avec Arcades y eft très-commun ;
que celui des ornemens prodigués hors
de l'Italie y eft très-rare. Envain y chercheroit-on un de ces morceaux célèbres dans
nos Villes, ces prodiges de légéreté, de
hardieffe & de patience, ces Clochers qui
fe perdent dans les nues ; il n'y en a pas
un feul. Car je ne penfe pas que l'on veuille comparer les tours quarrées & opaques
de Sainte-Marie *Del Fiore* de Florence, &
de Saint-Marc de Venife, avec les Clochers diaphanes de Strasbourg, de Chartres, de Vienne en Autriche, & même
d'Ulm en Souabe, quoique celui-ci foit
refté imparfait. Il femble cependant que
ce qui fe voit en ce genre dans toute
l'Allemagne, devroit auffi fe voir en Italie, puifque pendant près d'un fiècle, les
Architectes Allemands y furent à la tête
de toutes les grandes entreprifes, & que
ce que nous appellons Goût Gothique,
les Auteurs Italiens l'appellent plus communément *Goût Tudefque.* C'eft que ces
Allemands furent obligés de quitter leur
manière, pour fe plier à celle de la Nation qu'ils fervoient ; Nation, qui confer-
vant toujours l'idée des beaux monumens

Antiques, vouloit imiter, autant qu'elle pouvoit, ceux qui subsistoient encore.

Une autre cause de la différence dont je parle est la nature des matériaux propres de chaque pays. Toutes nos Cathédrales Gothiques sont de pierre ; en Italie elles ne sont que de brique, si l'on en excepte trois ou quatre construites ou revêtues de marbre. Or la brique ne reçoit point la Sculpture, à moins que celle-ci ne soit plaquée & de stuc. Mais le stuc des Anciens n'a été retrouvé qu'au commencement du seizième siècle, & alors la mode du Gothique étoit passée en Italie. Au moins on n'y commençoit point d'édifices dans ce Goût : on continuoit, comme on continue encore aujourd'hui, & comme on continuera long-tems le Dôme de Milan. De toutes les grandes Eglises d'Italie, c'est celle de *Saint-Petrône* de Bologne, qui ressemble le plus à nos Cathédrales ; la Sculpture s'y est exercée, parce que ce vaste Temple est tout de marbre blanc ; mais l'Eglise de Bologne qui n'est que de briques est de la plus grande simplicité en-dedans & en-dehors.

Quoiqu'il en soit de la vérité ou de la fausseté de ces observations, il est certain que les Temples Gothiques , quelle que soit la manière des Architectes , présentent les plus grandes beautés au milieu des plus grands défauts ; qu'on ne peut les voir , sans y découvrir une majesté digne de leur destination ; une Science de ce que l'Art de bâtir a de plus profond , une hardiesse dont l'Antiquité ne nous fournit point d'exemples. Les anciens Romains donnèrent à leurs grandes voûtes jusqu'à six & huit pieds d'épaisseur ; il y a telle voûte Gothique qui n'en a pas un. On trouve à presque toutes nos voûtes modernes quelque chose de pésant ; celles des anciennes Cathédrales sont d'une légèreté qui frappe l'œil le moins connoisseur. Cette légèreté vient en partie, si je ne me trompe , de ce qu'entre la voûte & les piliers il n'y a aucun corps intermédiaire & saillant qui en tranche la liaison , ce que fait l'entablement dans l'Architecture Grecque. La voûte Gothique paroît naître du pied même des piliers qui la portent ; surtout lorsque les piliers imitant les cannelures Grecques sont composés de *fuseaux* ou *torons* qui en font une espèce de gerbe. Ces torons , poussés per-

Mérite de l'Architecture Gothique.

pendiculairement jufqu'à une certaine hauteur, fe plient enfuite pour former les arcades qui lient un pilier à l'autre, les voûtes des bas-côtés, & les *Nefs* ou *Ogyves* qui donnent la force à la maitreffe voûte. Leur courbure eft naturelle, & la pierre y préfente une fléxibilité égale à celle des métaux les plus ductiles. Les Ogyves formant de toutes parts des rayons, divifent toute la furface en angles rentrans & faillans ; de cette divifion en plufieurs petites parties bien fymétrifées, naît ce *Svelte* qu'il eft difficile de donner aux longues voûtes en plein cintre, telles qu'on les fait aujourd'hui.

Si par amour pour l'Architecture, il m'étoit permis de donner des confeils aux Architectes, je leur confeillerois d'orner de Sculptures les voûtes de nos Temples. Mais pour obtenir l'effet défiré, je veux dire la légèreté, il ne faudroit pas que ces Sculptures fuffent plaquées ; elles devroient être prifes dans l'épaiffeur même de la voûte. Les Anciens fentirent fans doute combien ces ornemens, employés avec modération & placés avec goût, diminuoient à l'œil la péfanteur des voûtes, puifqu'on voit peu d'édifices antiques qui ne foient diftribués en compartimens. C'eft par-là, que les voûtes de Saint-Pierre de Rome paroiffent fi légères eu égard à leur longueur & à leur largeur.

Je finis par un réfultat fur le Gothique. En rapprochant nos grandes Eglifes Gothiques de Saint-Paul de Rome dont j'ai donné la defcription, on voit donc qu'il n'y a point de différences effentielles, quant au plan, entre la forme de ces édifices ; que les plus marquées fe trouvent uniquement entre les décorations ou ornemens, & quelques autres parties de détail ; qu'on n'a fait qu'agrandir, dans les derniers fiècles, ce qui dans les premiers avoit été traité en plus petites proportions ; que les Goths n'ont eu de part ni à l'invention, ni à la perfection de ces monumens, puifque ces monumens ont été inventés, avant que les Goths s'établiffent en Italie ou ailleurs, & n'ont été perfectionnés, que lorfque les Goths n'exiftoient plus nulle part ; la décadence des Arts ayant fuivi celle de l'Empire, & la liberté de conftruire des Eglifes étant des mêmes fiècles que les incurfions des Goths, ce concours de circonftances feul a établi l'idée populaire que les Barbares avoient annéanti l'Architecture Grecque, pour y fubftituer celle qu'ils avoient apportée de leur pays ; & qu'enfin nos édifices appellés *Gothiques*, ne méritent ce nom, que parce qu'ils font auffi différens par les proportions & les ornemens bifarres des beaux monumens d'Athènes, que les *Goths* l'étoient des Grecs par les Talens & les Mœurs.

SAINTE-

SAINTE-SOPHIE

DE

CONSTANTINOPLE.

ARTICLE PREMIER.

En suivant l'ordre des tems, je devrois actuellement parler de nos Temples tels qu'ils ont été depuis la fin du quinzième siècle. Peut-être s'attend-on à trouver dans cet article la description du plus beau monument de l'univers, du premier grand édifice sacré où l'Architecture Grecque triompha pleinement du Gothique, & reparut dans toute sa majesté, avec toutes ſes graces & ſes richeſſes. Le Lecteur me pardonnera ſi je trompe ſon attente : j'ai cru ne devoir parler de Saint-Pierre de Rome, la merveille du ſeizième ſiècle, qu'après avoir donné une juſte idée de Sainte-Sophie de Conſtantinople la merveille du ſixième. Il règne parmi quelques Amateurs un préjugé ſi favorable à celle-ci ; tant de gens l'égalent, la préfèrent même à l'autre, que je ne puis me diſpenſer d'entrer dans quelques détails ſur le genre & le goût de ſa conſtruction. Replongeons-nous donc de nouveau dans les ténèbres de la Barbarie, & rétrogradons juſqu'au ſiècle de l'Empereur Juſtinien. Y ſaiſirons-nous encore quelques momens des beaux jours de l'Architecture ; où trouverons-nous la longue nuit de douze cens ans déja commencée ? Nous en jugerons à la vue du monument qui épuiſa les tréſors du Prince fondateur, qui exerça la plume des Hiſtoriens & des Poëtes témoins de ſa conſtruction, enfin qui à ſix cens lieues de nous, excite encore notre admiration.

Hiſtoire de la conſtruction de Sainte-Sophie. Le Temple de Sainte-Sophie, tel qu'il exiſte aujourd'hui, ne doit que ſon nom à Conſtantin. Ce Prince, après avoir transporté à Conftantinople le fiège de l'Empire, y fit conftruire une Eglife qu'il confacra au Fils de Dieu comme à l'éternelle fageffe, fainte par effence, & lui donna le titre de *Sainte-Sophie*, un tremblement de terre ayant renverfé cet édifice, Conftance le fit rebâtir plus grand & plus riche, & la dédicace s'en fit 34 ans après que les fondemens en eurent été jettés. Sous l'empire d'Arcadius, il fut prefque entièrement réduit en cendres dans la fédition occafionnée par l'exil de Saint-Jean-Chryfoftôme. Il brûla encore pendant la minorité de Théodofe le jeune, & fut enfuite réparé par ce Prince. Enfin, la cinquième année de l'Empereur Juftinien, il fut entièrement confumé par les flammes dans une fédition.

Juftinien, occupé à multiplier dans Conftantinople le nombre des édifices publics, tandis que dans l'Occident les Barbares travailloient à diminuer celui de fes Provinces, forma le projet d'un Temple qui furpafsât les plus fomptueux édifices de l'antiquité Payenne. Il chargea de l'exécution Anthémius de Tralles, & Ifidore de Milet, fans doute les plus habiles Architectes du fiècle. Il paroît cependant,

qu'Iſidore ne travailla qu'en ſecond, puiſ-
que Procope dit poſitivement que le deſſin du Temple étoit d'Anthémius. Quoiqu'il en ſoit, les fondemens du nouvel
édifice furent jettés l'an 532 de Jéſus-Chriſt;
le cinquième de l'empire de Juſtinien, & la
Dédicace s'en fit les derniers jours de 537.
Vingt & un an après, Juſtinien règnant
encore, un tremblement de terre fit écrou-
ler une partie de la Coupole. La réparation en fut confiée à un ſecond Iſidore,
neveu du premier. Ce nouvel Architecte
pouſſa la Coupole vingt pieds plus haut
qu'elle n'étoit avant ſa chûte, & changea
un peu ſa forme qui étoit à plein cintre,
& qu'il rendit ellyptique.

Sainte-Sophie n'éprouva aucun malheur
conſidérable, & ſe ſoutint dans toute ſa richeſſe juſqu'à la priſe de Conſtantinople
par Mahomet II, en 1453. Ce Conqué-
rant la changea en Moſquée; & les Turcs,
ſans toucher au fond de ſon Architecture, en dégradèrent tous les ornemens
intérieurs. Voilà, tout ce qu'il nous importe de ſçavoir ſur l'hiſtorique de Sainte-
Sophie.

Enviſageons à préſent ſous un point
de vue général ſa ſtructure & ſa décora-

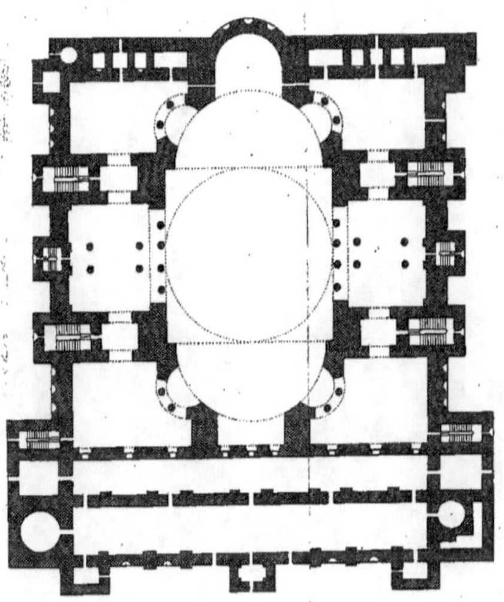

Plan du Temple de Sainte Sophie.

Dumont del.

Sellier Sculp.

tion. Une defcription détaillée demande-
roit des planches pour être bien intelligi-
ble. Je me borne au plan qu'a fait graver
Grelot dans fa relation de Conftantinople.

La forme extérieure de Sainte-Sophie Plan de Sainte-So-phie.
eft un quarré long ; l'intérieur, avant la
chûte de la première Coupole, préfentoit
au premier coup-d'œil une Croix Grecque. La longueur, de l'Orient à l'Occident c'eft-à-dire, du portique d'entrée jufqu'au fond de ce que les Grecs appel-
loient *Presbytère*, & les Romains *Tribune*
eft de 270 pieds ; celle du Midi au Nord
eft de 240, fur le milieu de l'édifice s'élève
une Coupole. Elle pofe fur quatre grandes arcades que foutiennent quatre piliers
ifolés jufqu'à une certaine hauteur, &
dont les différentes faces déterminent la
forme de Croix. Outre ces quatre principaux piliers, il y en a encore deux à chacune des extrémités de l'Orient & de l'Occident. L'efpace qui les fépare des quatre
premiers eft occupé par un double ordre
de colonnes difpofées en hémicycle, parce
que ces piliers ne font pas fur la même
ligne que ceux qui portent la Coupole,
& qu'ils rentrent un peu plus, ceux

L 3

de l'Occident dans la Nef, ceux de l'Orient dans le Sanctuaire. Les branches de la Croix au Midi & au Nord font formées : 1°. Par une des faces des quatre grands piliers : 2°. par deux épais contreforts, dont la moitié faillit hors du mur d'enceinte, & l'autre moitié entre dans l'intérieur, & fe lie aux piliers de la Coupole par une arcade qui ouvre un paffage pour faire en-dedans le tour du Temple. A l'extérieur, ces contreforts s'élèvent jufqu'à la naiffance de la Coupole contre laquelle ils battent auffi par une arcade.

De cette diftribution intérieure en forme de Croix infcrite dans un quarré, il réfulte quatre grands efpaces qu'en ftyle de Blafon nous nommerions *Cantons* : ici ces efpaces font à-peu-près triangulaires. Ce qui vient des colonnes difpofées en hémicycle dont j'ai parlé plus haut. On y a ménagé deux falles, l'une baffe, l'autre haute, diftinguées à l'œil par le double ordre, & réellement féparées par une voûte. La façade eft compofée d'un double portique, l'un inférieur par lequel on entre dans le Temple, l'autre fupérieur qui communique aux falles hautes dans lesquelles les femmes assistoient au Service Divin.

Pour la liaison des pierres & des briques, on n'employa ni chaux, ni bitume. Du plomb fondu versé dans les interstices donna à la maçonnerie une solidité qu'elle n'auroit point tirée des liaisons ordinaires. Afin de prévenir pour toujours les incendies, il n'entra point de bois dans les combles du Temple, qui fut couvert de larges tables de marbre. La Coupole est de brique blanche, spongieuse & si légere, qu'au rapport de quelques Auteurs, cinq briques ne pesent pas plus qu'une de celles dont nous faisons usage. Justinien les fit travailler à Rhodes.

Dans l'intérieur, il n'y avoit pas une colonne qui ne fût d'un marbre rare, tel que le porphyre, le verd de Lacédémone & de Thessalie, le granit Oriental d'Egypte, &c.; & en cette partie, Constantinople s'enrichit un peu aux dépens de Rome. Une veuve Romaine, nommée *Marcia*, fit présent à Justinien de huit colonnes de porphyre. Ce sont celles que l'on voit encore aujourd'hui aux extrémités Orientale & Occidentale, & qu'on a armées de cercles de fer, parce qu'elles paroisſoient prêtes à s'éclater par la violence des tremblemens de terre. Toutes les murailles étoient revêtues de marbre, incruſtées d'agathe, de nacre de perles ; toutes les voûtes couvertes de moſaïque à fond d'or.

C'eſt ce marbre, cet or, ces colonnes précieuſes, cette Coupole dont il n'y avoit point de modèle ; c'eſt cette multitude de ſalles & de portiques qu'enviſageoient, dans Sainte-Sophie, l'Hiſtorien Procope, le Poëte Paul le Silentiaire, l'Empereur Juſtinien, lorſque les deux premiers décrivoient ce Temple comme la merveille de l'univers, le plus parfait ouvrage qu'eût jamais produit l'Architecture ; & que le troiſième, en y entrant au jour de la Dédicace, s'écria avec tranſport : *Je t'ai vaincu Salomon.* Ils n'y voyoient à-peu-près que ce que voient les enfans dans Saint-Pierre de Rome, beaucoup de richeſſe, du marbre, de la dorure, de la peinture, une grandeur au-deſſus de celle des Temples ordinaires. Aujourd'hui, ceux dont l'eſtime eſt fondée ſur le préjugé, & qui entendant parler d'un Temple conſtruit par des Grecs ſe rappellent Athènes & Corinthe, ceux-là croient voir quelque chofe de plus dans Sainte-Sophie, c'eft-à-dire, un beau deffin bien exécuté, la juftesse des proportions répondant à la hardiesse de la diftribution, un goût égal à la magnificence. Ils fe trompent, & j'efpère qu'ils en conviendront, quand nous aurons examiné en détail ce qu'ils admirent fans le connoître affez.

Il ne fuffit pas qu'un édifice foit vafte, qu'il préfente quelques morceaux hardis, qu'on y voie des fûts de colonnes, pour pouvoir conclure qu'il eft de bon goût dans l'exécution totale, qu'il eft d'une Architecture vraiment Grecque, qu'il eft comparable à Saint-Pierre de Rome. Prefque toutes nos anciennes Cathédrales font plus vaftes que Sainte-Sophie ; dans plufieurs, les piliers imitent affez bien les colonnes, quelques-unes ont des clochers plus hardis que la Coupole d'Ifidore, & de tout cela il ne réfulte cependant qu'une merveille Gothique.

Il faut l'avouer, l'idée d'une Croix Grecque avec une Coupole eft une belle idée : elle naquit dans une tête où il y avoit du génie, mais elle naquit quatre cens ans trop tard, pour être rendue avec toute la perfection qui lui convenoit. On l'a

adoptée de nos jours ; & ſi Anthémius re-
paroiſſoit aujourd'hui , il verroit que ſon
ouvrage ne fut qu'une ébauche en com-
paraiſon de ce qui s'eſt fait , en ce genre ,
depuis la renaiſſance des Arts. Venons à la
preuve.

1°. Envain chercheroit-on, dans Sainte-
Sophie , quelque choſe qui approche des
Ordres d'Architecture inventés par les
Grecs & les Romains. On y trouve bien
des colonnes, mais d'une proportion éloi-
gnée des règles , mais avec des chapiteaux
d'un goût ſi biſarre , qu'on ne ſçait à
quel ordre ils appartiennent , mais ſans
entablement d'aucune eſpèce. C'eſt donc
encore ici comme dans Saint-Paul de
Rome , une ſuite de petites arcades qui
lient une colonne à l'autre , & dont les
retombées poſent immédiatement ſur le
chapiteau. L'eſpace qui ſépare les piliers
de l'Orient & de l'Occident de ceux qui
portent la Coupole , eſt comme je l'ai
remarqué plus haut, occupé par un double ordre de colonnes. L'ordre inférieur
a deux colonnes , le ſupérieur en a cinq ,
& voilà des porte-à-faux groſſiers , ſans
compter le mauvais effet pour l'œil même
le moins connoiſſeur.

Isidore à qui on confia la réédification de la Coupole, & qui donna à ce morceau plus d'élévation qu'il n'en avoit avant sa chûte, chercha aussi le moyen de lui donner plus de solidité, & tel fut celui qu'il imagina. Entre les grands piliers qui soutiennent la Coupole, il planta au Midi & au Nord quatre colonnes de granit de quarante pieds de fût. Sur ces colonnes, il construisit, avec le secours ordinaire des arcades, un mur d'une hauteur médiocre. Sur ce mur, il établit six colonnes beaucoup plus courtes que les premières ; puis encore un mur percé de trois rangs de lucarnes, lequel s'élève jusqu'au sommet de la grande arcade, & en remplit toute la concavité. Le premier effet de cet échaffaudage est de dérober à l'œil la forme de Croix Grecque, puisque les branches du Midi & du Nord sont coupées par ces colonnes & ces murailles entassées les unes sur les autres. Ajoutez encore les porte-à-faux.

Tous ces piliers que j'ai indiqués étoient-ils au moins ornés de pilastres, comme ils le sont dans nos Temples à Coupole? Non ; ils étoient revêtus de marbre, placardés de mofaïque, coupés, d'efpace en efpace, par des cordons en boffage ornés de Sculptures femblables à celles de nos piliers Gothiques ; du refte, rien ne les couronnoit avec grace. Ils avoient commencé fans bafe, ils finiffoient fans chapiteau & fans entablement, à moins qu'on ne veuille donner ce nom à de gros modillons qui reffemblent aux crénaux de nos anciennes fortifications, règnent tout autour du Temple, & foutiennent une baluftrade.

2°. La Coupole eft le morceau le plus célèbre de Sainte-Sophie, parce qu'il eft le plus extraordinaire, vu le tems où il fut conftruit, & qu'à quelques égards il a fervi de modèle à nos Architectes modernes. A en juger par cet endroit, il mérite fa célébrité ; il la mérite encore, fi l'on en confidére la partie purement méchanique. Mais qu'il perd de fon prix, fi, du côté des proportions & de la forme, on en juge par comparaifon avec nos Coupoles modernes !

Je ne fçais fi c'eft à la forme quarrée des piliers, qui ont plus de face d'un côté que de l'autre, qu'il faut attribuer l'effet

peu agréable des *fourches* ou *pendentifs* (1)
de la Coupole. Ce qu'il y a de vrai, c'eſt
que les retombées des grandes arcades, en
ſe réuniſſant ſur les piliers qui les portent,
préſentent un angle, extrêmement aigu ;
que la baſe de la Coupole en paroît trop
foible, & que ſi l'on a raiſon de regarder
toute Coupole en général comme un
porte-à-faux, celle de Sainte-Sophie plus
que toute autre rend ce reproche plauſible. Il ſemble que l'Hiſtorien Procope
voyoit le défaut de ces angles aigus, mais
ſans ſe douter que c'en fût un, lorſqu'il
diſoit : Que telle étoit la légèreté de la
Coupole de Sainte-Sophie, qu'elle paroiſſoit ſuſpendue à une chaîne qui partoit
du Ciel. Ajourd'hui nous voulons que les
édifices conſtruits ſur la terre aient auſſi
leurs points d'appui ſur la terre. S'ils ſont
inviſibles, nous nous mocquons de l'Architecte, & nous en appellons au bon

---

(1) Les *pendentifs* ſont dans une Coupole les
eſpaces triangulaires renfermés entre les arcades qui
la ſoutiennent. On les appelle auſſi *fourches* & *pan-
naches.*

fens. Nos Architectes ont fenti l'inconvé-
nient des piliers à angles tels que ceux de
Sainte-Sophie. Delà vient que quand ils
ont voulu conftruire de grandes Coupoles, ils ont fait des piliers à pans. Par-là,
ils fe font ménagé naturellement un efpace raifonnable entre les retombées des
arcades, ils ont donné du pied à leurs
pendentifs, ils ont par conféquent fortifié,
même à l'œil, la bafe immédiate de la
Coupole, & ont enfin tracé pour bafe
générale de toute la maffe, non pas un
quarré, comme à Sainte-Sophie, mais un
Octogone; forme plus analogue à celle
de la Coupole, plus dégagée, plus agréable, plus fufceptible de décoration.

A proprement parler, on ne trouve
point dans la Coupole de Sainte-Sophie,
ce que nous appellons dans les nôtres le
Tambour, c'eft-à-dire, la partie où fe mé-
nagent les grandes fenêtres pour éclairer
l'intérieur. Sa courbure, ou fon cintre
naît prefque fur les arcades, & l'on ne
peut mieux la comparer qu'à la voûte
d'un four. On lui donne cent cinq pieds
de diamètre, & trente-huit feulement depuis le fommet des arcades jufqu'à fon

centre. On voit dès-lors combien elle est écrasée : malgré le grand nombre de ses fenêtres, elle est obscure, parce que ces fenêtres sont basses & étroites.

3°. Tout préjugé à part, & avec la meilleure volonté du monde d'admirer le bon par-tout où il se présente, quelle idée pouvons-nous nous former de la Peinture en mosaïque du sixième siècle ? Celle du tems de l'Empereur Adrien n'é-toit excellente, que parce que la Peinture en général l'étoit. Quand un genre tomba, tous les autres tombèrent aussi, & assûrément on ne peut pas croire que l'invention, le dessin, le coloris se soutinssent dans la mosaïque, lorsqu'on ne les connoissoit plus dans la fresque & la détrempe. Le talent de réunir de petites pierres colorées est peu estimable, si l'on n'y joint celui de tirer de bons tableaux de cette réunion. Au tems de Cimabue on peignoit mal en mosaïque, parce qu'on peignoit mal en tout genre. Le Giotto peignit beaucoup mieux que tous ses prédé-cesseurs ; & le progrès de l'Art se montre aussi dans le grand morceau de mosaïque que l'on voit au portique de Saint-Pierre à

Rome, & qui eſt du Giotto. Les Grecs, ſous Juſtinien, ne firent pas mieux en ce genre à Conſtantinople, qu'ils ne firent dans la ſuite à Rome juſqu'à la fin du quatorzième ſiècle. Ceux qui ont été dans cette dernière Ville ſe rappelleront ſans doute. Les *Tribunes* de Saint-Jean-de-Latran, de Saint-Paul, de Sainte-Marie majeure; la façade de Sainte-Marie *in Traſtevere, &c.* ont-ils trouvé de bons tableaux dans un aſſemblage de figures trop longues ou trop courtes, qui ont les yeux hagards, les pieds ſans conſiſtance, les bras paralytiques, les mains pointues; ſans deſſin, ſans expreſſion, ſans air de tête, ſans mouvement; ne faiſant grouppe nulle part, preſque toujours placées ſur le même plan, & allant à la file comme en proceſſion? Il y a quatre cens ans qu'on admiroit tout cela à Rome, & il y en a onze ou douze cens, qu'à Conſtantinople Paul le Silentiaire chantoit avec enthouſiaſme quelque choſe d'auſſi mauvais. Il eſt inutile d'appuier ſur la Sculpture de Sainte-Sophie. Quand nous n'aurions pour en juger que les Médailles du Règne de Juſtinien, elles ſuffiroient pour nous

décider

décider sur les talens de ses Sculpteurs.

4°. Si l'intérieur de Sainte-Sophie étoit riche, l'extérieur étoit très-pauvre. Excepté le double portique d'entrée, tout le reste étoit nud, & ne présentoit qu'une maçonnerie assez grossière. Les quatre contre-forts qui butent contre la Coupole en font toute la décoration, & les *Minarets* qu'y ont ajoutés les Turcs y mettent de la richesse. Que les Musulmans aient renversé les Statues & dégradé les Peintures, ils n'ont détruit en cela que des accessoires dont un édifice bon par sa forme & par ses ornemens essentiels ne tire que peu de mérite, & qui pour des gens instruits ne suppléent ni aux règles, ni au vrai goût de l'Architecture Grecque.

ARTICLE II.

SAINTE-
SOPHIE
DE CONS-
TANTINO-
PLE.

CE que j'ai dit, dans le premier article, de Sainte-Sophie de Conſtantinople, pourroit ſuffire pour fixer l'idée qu'on doit avoir de ce fameux Temple. Je dois cependant y ajouter de nouvelles obſervations propres à juſtifier le jugement peú favorable que j'ai oſé porter d'un édifice qu'on eſt accoutumé à regarder comme un chef-d'œuvre. Deux ſources du préjugé où l'on eſt ſur ſa perfection : il a été conſtruit par des Grecs ; tous ceux qui en ont écrit, vantent ſa ſtructure. Voyons donc en peu de mots de quel poids ſont ici & le nom des Architectes, & le témoignage des Auteurs.

1°. Dans la Grèce devenue Province de l'Empire Romain, les Arts dont l'éclat étoit attaché à la liberté de la Nation éprouvèrent ſeuls une décadence bien ſenſible : tels furent l'Art de l'Eloquence, de la Guerre, des Négociations, &c. Les

Arts qui fleuriffent par l'opulence & par le repos, l'Architecture, la Peinture, la Sculpture s'y foutinrent dans toute leur excellence, tandis que l'Empire des Vainqueurs s'y foutint lui-même. Adrien y trouva encore des Artiftes dignes des plus beaux jours d'Athènes & de Corinthe, & capables d'immortalifer fa magnificence par leurs chef-d'œuvres. Mais deux cens ans après, tout y avoit changé de face; & il n'en faut pas d'autre preuve que ce qui étoit arrivé à Rome même, que la révolution qui s'y étoit faite dans les Arts. Cette Ville étoit *toute Grecque* dès le règne de Domitien; c'eft-à-dire, que les Grecs y exerçoient toutes les profeffions; & c'eft à leurs mains que font dûs les plus beaux monumens antiques qu'on y voit aujourd'hui. Il n'eft-pas douteux qu'ils n'aient continué à y travailler pendant tout le tems qui s'écoula jufqu'au règne de Conftantin. Or, fous ce Prince, quel étoit à Rome l'état de l'Architecture & de la Sculpture? tout le monde le fçait. Mais peut-on croire que Byfance fût riche en Artiftes, tandis que la Capitale du monde en étoit fi dépourvue;

elle qui depuis près de cinq ſiècles tiroit de la Grèce ſes meilleurs Architectes, pour ne parler que de cet ordre d'Artiſtes ?

En tranſportant à Byſance le ſiège de l'Empire, Conſtantin s'y fit ſans doute ſuivre par tout ce qu'il avoit pu raſſembler, à Rome & ailleurs, d'Artiſtes habiles. Une nouvelle Ville à bâtir étoit la circonſtance la plus favorable au rétabliſſement des Arts, ſur-tout de la grande Architecture. Cependant tous les édifices publics conſtruits ſous Conſtantin & ſes premiers ſucceſſeurs, ne furent qu'une imitation aſſez groſſière de ceux de Rome; c'eſt ce que prouvent leurs ruines. Conſtance voyant à Rome le *Forum* de Trajan, témoigna cette eſpèce d'admiration qu'excite la nouveauté des objets. Il avoit vu à Conſtantinople, des *Forum*, des Thermes, des Hippodromes, mais dans ces monumens il n'avoit remarqué ni cette majeſté, ni cette richeſſe, ni ce goût qu'il découvroit dans ceux de Rome. En élevant dans la ſuite la colonne Théodoſienne, on prétendit apparemment égaler les colonnes Trajane & Antonine; on n'y réuſſit pas. Ces deux dernières ſont admirables, la première n'a aucune forte de mérite.

L'Architecture étant déchue au point où nous la montrent les plus beaux monumens du règne de Conftantin, en quel état devoit-elle donc être fous le règne de Jufti-nien? pour en juger, je ne voudrois que ce feul trait : c'eft que dans la pompeufe defcription de Sainte-Sophie que nous a laiffée Procope qui l'avoit vu conftruire, on ne trouve aucun des termes d'Archi-tecture en ufage dans le bon tems, & qui peignent chaque partie d'une Ordon-nance Grecque. A la place de ces termes confacrés, on en trouve de barbares qui ont exercé plus d'un Commentateur, & n'ont aucune analogie avec ce qu'on leur fait fignifier. Une pareille corruption dans le langage de l'Art en fuppofe une très-grande dans l'Art même. Procope & les Auteurs qui l'ont fuivi ne nous parlent ni de Corinthien, ni d'Ionique, ni de Dorique; ni d'aucun des ornemens propres de ces ordres; c'eft qu'il n'y a rien de tout cela dans Sainte-Sophie. Or, 1°. un édifice où il n'y a rien de tout cela n'eft point un édifice à la Grecque : 2°. Un grand édifice, où l'on n'a point employé quelqu'un des Ordres Grecs, aura difficilement cette élégance qui en dépend; & il aura presque nécessairement tous les défauts qui naissent de l'inobservation des bonnes règles auxquelles on substitue le caprice; & il s'agit de prouver, en ajoutant le raisonnement au fait, que Sainte-Sophie n'est point un Temple à la Grecque; que par conséquent en genre d'Architecture, cette Eglise ne peut entrer en parallèle qu'avec le Gothique, vu la date de sa construction, & qu'elle n'a droit à la préférence que sur le Gothique (1).

2°. Si tous les Auteurs qui nous ont donné des descriptions de Sainte-Sophie,

––––––––––––

(1) Il en faut dire autant de Saint-Marc de Venise, qui n'est guères qu'une copie en petit de Sainte-Sophie. Les Vénitiens devenus maîtres de la Morée & d'une partie de l'Archipel en transportèrent chez eux une prodigieuse quantité de tronçons de colonnes qui furent employés avec profusion & sans choix à décorer leur Chapelle Ducale. Tout y est de mauvais goût; ce qui n'empêche pas le Bourgeois Vénitien de mettre l'Eglise de Saint-Marc au-dessus de tout ce qu'il y a ailleurs de beau en ce genre.

avoient été Architectes , ou avoient eu
une bonne connoiffance de l'Architecture,
leurs defcriptions feroient plus précifes ,
& il faudroit s'en rapporter à leur jugement ; mais quelle confiance méritent la
plûpart de ceux qui parlent de ce Temple ? Parmi les anciens ce font des Grecs,
naturellement vains , flateurs à gages , en-
thoufiaftes ridicules qui ne parlent que par
hyperboles , & n'ont pas honte de faire
intervenir dans la conftruction de Sainte-
Sophie des efpèces dè Fées , des *Revenans,*
&c.

Procope commence par nous repréfenter Anthémius comme le plus fameux Architecte , le plus habile méchanicien de
l'univers ; & pour faire honneur à Juftinien d'un confeil dont on n'apperçoit ni
la jufteffe , ni la folidité , il fait de cet Anthémius un parfait ignorant. Voici le fait.
On travailloit à la grande arcade du côté
de l'Orient deftinée à une partie de la
Coupole , lorfqu'on s'apperçut qu'un des
piliers qui foutenoit cette arcade s'ouvroit
& menaçoit ruine. A cette vue Anthémius fe défefpére & ne trouve dans fa
profonde méchanique aucune reffource

pour empêcher l'écroulement de l'édifice. Juſtinien ſe porte ſur les lieux, & tout d'un coup *inſpiré d'en-haut*, il dit: *qu'on acheve l'arcade, & elle n'aura plus beſoin de piliers.* Les Architectes apprécieront la valeur de cet oracle, pour moi je n'y trouve qu'un trait d'adulation de la part de Procope; & voilà où en ſont à-peu-près tous les anciens Hiſtoriens de Sainte-Sophie, leſquels d'ailleurs n'énoncent que les choſes les plus vagues.

Parmi les modernes, ce ſont des Voyageurs communément peu inſtruits, & qui dans leurs relations ſe contentent de nous dire: *Que Sainte-Sophie eſt un Temple magnifique, qu'on voit de belles colonnes dans Sainte-Sophie, &c.* J'excepte Grelot, qui a véritablement examiné cet édifice en connoiſſeur. Voilà pourquoi il ne s'enthouſiaſme point, & nous donne des lumières.

Voici encore un trait de ce que peut le préjugé quand il s'agit d'édifices antiques, & qu'on n'a point une connoiſſance aſſez exacte de l'Architecture & de ſon hiſtoire. On feroit un volume des Diſſertations publiées en Italie, pour prouver que l'Egliſe de Saint-Jean de Florence fut un Temple de Mars , érigé fous l'Empire d'Augufte & en mémoire de la victoire d'Actium. Sa forme eft antique , difoit-on, on y voit des colonnes comme dans le Panthéon de Rome , & quelle profufion de doctrine pour prouver tout cela ! Enfin Clément de Nelli , laiffant à part toutes les Archives du peuple Romain , fe contente d'examiner les colonnes , les chapiteaux , les entablemens , les arcades , la correfpondance & le travail de toutes les parties de détail du Temple , & démontre en deux pages , que le prétendu Temple du fiècle d'Augufte n'eft qu'une rapfodie du fixième fiècle.

Qu'eft-ce donc enfin que Sainte-Sophie? Un édifice qui , felon toutes les Relations , a beaucoup de majefté , qu'il tire fans doute de fa forme en Croix Grecque ; où la richeffe des marbres , des métaux , des pierres précieufes fuppléeoit dans les tems de Barbarie au bon goût de l'exécution ; où de toutes les parties d'un Ordre Grec , on ne voit que des fûts de colonnes , d'une belle proportion , fi les colonnes ont été tirées de Rome & des anciens monumens , mais très-peu exacte , fi les colónnes ont été façonnées fous Juftinien ; un édifice enfin qui avec 270 pieds de long d'une part, 240 de l'autre, avec fa Coupole de 180 pieds de haut, avec fes falles & fes portiques s'emboîteroit dans Saint-Pierre de Rome.

J'ai dit que Sainte-Sophie tiroit fa majefté de fa belle forme ; & c'eft fur quoi je hafarde quelques réflexions, ne fût-ce que pour compenfer un peu le mal que j'ai dit du refte. Anthémius prit des Anciens l'idée de fa Coupole, parce que les Temples Sphériques étoient très-communs chez les Anciens ; mais il ne dut qu'à lui l'idée d'élever une Coupole dans les airs, de lui donner pour bafe immédiate, au-lieu de la terre, quatre arcades, & de réunir dans le même édifice la forme quarrée & la forme circulaire. L'ufage des Chrétiens étant de difpofer leurs Temples en Croix, Anthémius avoit à choifir une Croix à quatre branches égales appellée par nous Croix Grecque, & une Croix dont une des branches fût beaucoup plus longue que les autres, & que nous nommons Croix Latine. L'Architecte fe décida pour la première, peut-être parce qu'elle étoit plus uſitée dans l'Orient; mais je veux lui faire un mérite de ſon choix, & croire qu'il ſe détermina pour la Croix Grecque, parce qu'il vit qu'elle convenoit incomparablement mieux à ſa Coupole, que la Croix Latine. La raiſon, à ce qu'il me ſemble, eſt que la première forme met dans l'édifice un accord que ne lui donne pas la ſeconde.

En élevant une Coupole en l'air, on ne fait qu'étendre un peu l'idée d'une Coupole portant immédiatement ſur la terre. Cette Coupole doit donc être toujours cenſée la partie principale de l'édifice où on l'emploie; les branches de la Croix dont elle fait le centre, ne doivent paſſer que pour la baſe ſur laquelle elle poſe; les côtés de cette baſe doivent donc être tellement exacts, qu'ils puiſſent être inſcrits dans une figure régulière équilatérale, qu'ils donnent par exemple un quarré parfait, & non pas un quarré long ſans quoi la baſe eſt irrégulière relativement à la Coupole, & dérange tous les rapports des autres parties. Des exemples rendront plus ſenſible ce que je veux dire.

Nous avons dans notre Capitale deux Temples dignes de figurer dans quelque Ville d'Italie que ce soit, le Val-de-Grace & le Dôme des Invalides. Je n'examine point lequel l'emporte fur l'autre par la forme extérieure & par la richeffe des ornemens; je n'envifage dans l'un & l'autre que le plan. Il eft fûr qu'un étranger qui ne feroit pas prévenu que l'Eglife du Val-de-Grace a une Coupole, ne s'attendroit pas en y mettant le pied à en trouver une, puifque de la porte d'entrée il ne l'apperçoit pas affez diftinctement pour n'être pas furpris quand il y arrive. Cette Coupole ne paroît donc entrer pour rien d'effentiel dans la conftruction du Temple, ne donne par elle-même aucune majefté à l'enfemble, & n'eft à la rigueur qu'une pièce d'ornement pour le Sanctuaire, puifque les autres parties ne s'y rapportent pas.

Paffons au Dôme des Invalides, qui eft en Croix Grecque, & entrons-y par la Porte Royale. Le premier objet qui fe préfente à l'œil eft la Coupole même; à quelque point qu'on fe place, on la voit toujours. Pour l'effet, il n'eft pas néceffaire que la Porte soit où elle est , elle seroit aussi-bien dans quelqu'une des trois autres branches. Retranchez la Nef du Val-de-Grace, la Coupole n'y perdra rien; une branche de moins à la Croix du Dôme des Invalides dérangeroit absolument l'harmonie de tout l'édifice. Pourquoi ? c'est que dans celui-ci l'Architecte a tout rapporté à la Coupole , dont il a fait, non pas un ornement pour le Temple , mais le corps même du Temple, auquel toutes les autres parties devoient conduire l'œil. De là, cette noblesse, cette grandeur , cette légèreté qui saisit lorsqu'on entre dans ce beau monument , & qu'assûrément il n'auroit pas , s'il étoit joint à l'Eglise , & si pour y arriver il falloit traverser une longue Nef.

Il ne faut pas dire que les branches d'une Croix Grecque, prolongées jusqu'à un certain point, auroient un effet aussi peu avantageux pour la Coupole, que la Nef d'une Croix Latine. On suppose que l'Architecte posséde bien son Art, & qu'il a du goût. Avec ces qualités il verra, qu'il faut étendre le diamètre de sa Coupole à proportion qu'il prolongera les branches de la Croix. C'eſt même ſur ce diamètre qu'il doit règler les dimenſions de tout le reſte. La Coupole de Saint-Pierre de Rome eſt immenſe ; mais elle ſeroit encore trop petite , ſi changeant ce Temple en Croix Grecque, on donnoit à toutes les branches la longueur de celle qui forme aujourd'hui la Nef. Auſſi Michel-Ange n'avoit-il fait qu'une Croix Grecque. Dans la ſuite il parut néceſſaire d'étendre ſon plan , on allongea la Nef. Il arrive delà qu'en entrant dans la Baſilique, on n'apperçoit qu'une petite partie du grand entablement ; que la naiſſance du tambour de la Coupole ſe développe en grande partie , lorſqu'on eſt au point de la Nef où devoit être la porte dans le plan de Michel-Ange. Au moins l'œil ſaiſit de cet endroit l'idée de l'Architecte, & la liaiſon qu'ont avec la Coupole toutes les parties qui la ſoutiennent & l'accompagnent.

Un autre avantage de la Croix Grecque avec une Coupole, c'eſt que le Temple conſervant toutes ſes graces & toute ſa légèreté dans l'intérieur , préſente à l'extérieur les proporrions les plus agréables. Je renvoie encore fur ce dernier point au Dôme des Invalides. Qui n'a point admiré la Coupole de Saint-Pierre vue par-dehors du côté du Midi, de l'Occident & du Nord ? eft-il rien de comparable à la majefté de cette maffe à laquelle le rond-point, & les branches du Temple paroiffent fervir uniquement de bafe ; point de beautés mafquées, tout concourt à donner à l'enfemble une forme pyramidale qui n'a rien d'affilé, ni de pefant. La Gravure embellit ordinairement ce qu'elle traite ; ici elle eft au-deffous de la réalité. Mais elle reprend fes droits, en repréfentant la même Coupole du côté de l'Orient, c'eft-à-dire, du côté du portique. Il s'en faut beaucoup que ce morceau paroiffe delà tout ce qu'il eft, comme des autres points de vue que j'ai indiqués. La caufe de cette différence eft, que la Nef en s'allongeant laiffe tellement en arrière la Coupole ; qu'une partie du tambour eft néceffairement mafquée par le portique, quoique celui-ci foit beaucoup trop bas pour fa largeur. Qu'un étranger s'étonne que ce portique ne foit pas plus élevé,

Saint-Pierre de Rome du côté de l'Occident ou du chevet.

on ne manque pas de lui dire qu'avec plus
d'élévation il eût empêché de voir la Coupole , & cela est vrai. Mais qu'on jette
les yeux sur les dessins de Michel-Ange,
& l'on verra que son portique a toute la
hauteur qui lui convient, & que loin de
nuire à la Coupole , il la fait valoir. C'est
d'après ces observations , que je n'ai garde
pourtant de donner pour des préceptes ,
qu'en blâmant l'exécution de Sainte-Sophie , j'ai cru devoir en louer le dessin,
parce qu'il m'a paru être la cause de cette
majesté que toutes les Relations donnent
à l'édifice.

Qu'eût donc fait Anthémius , si, avec
le génie qu'il avoit reçu de la nature, il
eût trouvé la bonne Architecture florissan-
te à Constantinople ? par combien de
beautés n'eût-il pas relevé l'idée déja si
belle de son Temple ? il en eût fait disparoître tout ce qui sent la maçonnerie ;
de huit piliers, il n'en eût conservé que
quatre, ceux qui devoient porter la Coupole , & il leur eût donné une forme
susceptible d'ornemens réguliers, la trian-
gulaire par exemple. Parmi les Ordonnances Grecques en usage dans le bon tems,

il

il auroit choisi la plus délicate & la plus riche, la Corinthienne. Dans l'intérieur, il auroit adopté pour sa Croix un seul ordre de colonnes règnant tout autour du Temple, & formant un péristile continu. Quel effet n'eût point eu une pareille distribution ? Dans quelque branche de la Croix qu'on se fût placée, l'œil ne trouvant point d'obstacles, auroit percé à travers les entre-colonnemens dans les branches de la droite & de la gauche, y auroit erré au milieu d'une forêt de colonnes fièrement plantées. J'ai dit qu'Anthémius n'auroit employé dans tout son Temple d'autres piliers que ceux qui étoient destinés à soutenir la Coupole ; mais son goût puisé dans les Ouvrages des plus grands Maîtres lui auroit fourni des ressources pour décorer ce qu'avoit d'ignoble une maçonnerie absolument nécessaire. Pense-t-on qu'il y eût employé des pilastres ? Non, ces pilastres auroient déparé tout le reste & rompu l'harmonie du péristile. Des colonnes de même proportion que les autres, placées sur la même ligne, mais un peu engagées, auroient augmenté la richesse de la Coupole,

& établi un parfait accord dans l'ordonnance générale.

Suppofons à préfent qu'Anthémius eût imaginé d'élever fon périftile fur un efcalier de cinq marches, afin que le Prince s'y rendant avec fa Cour pour adorer l'Eternel & le remercier de fes bienfaits, trouvât un libre paffage, l'intérieur du périftile étant deftiné à recevoir la foule du peuple; outre la commodité de cette efpèce d'Amphithéâtre dans les cérémonies publiques, quelle nobleffe ces marches n'euffent-elles pas donné aux colonnes mêmes, & aux portiques. Je ne poufferai pas plus loin mes conjectures fur les diverfes efpèces de beautés qu'Anthémius eût répandues dans l'intérieur & l'extérieur de fon Temple. Affurément il eft à croire, qu'à l'entrée, il eût conftruit, non pas une façade, ou trop plate en n'y employant que des pilaftres, ou peu naturelle en plaçant plufieurs Ordres l'un fur l'autre, mais un portique *exaftyle* ou *octoftyle*. Pour deviner à-peu-près ce qu'auroit fait ce célèbre Architecte, il nous fuffit de fçavoir qu'il avoit du génie; nous le fuppofons né dans les beaux jours de nes, de Rome, & rien n'y échappa à ses recherches. Tout fut mesuré, comparé, dessiné. Le premier fruit de son travail, comme la première lueur du beau jour qui alloit naître, fut la distinction des cinq Ordres en usage chez les Anciens; distinction fixée par la différence entre les proportions & les ornemens propres de chaque Ordre; distinction si essentielle, qu'il vaut mieux s'y tenir à la rigueur, au risque peut-être d'un peu de Monotonie, que de faire des mélanges d'Ordres avec un danger évident de replonger l'Architecture dans la confusion.

Outre le plaisir d'arriver à ce beau qu'il avoit entrevu, Brunelleschi avoit un second objet dans ses recherches. Le Temple de Sainte-Marie *Del Fiore* de Florence, vaisseau Gothique, étoit imparfait, & la partie qui restoit à construire faisoit le désespoir des Architectes. Il s'agissoit de réunir les voûtes des quatre branches de la Croix, ou par une voûte en cul de four qui ne s'élevât point au-dessus du comble, ou par une Coupole. L'une & l'autre manière présentoient de grandes difficultés. La première paroissoit être

Sainte-Marie *del Fiore* de Florence.

l'idée de l'ancien Architecte; Brunelleschi assez jeune encore pensa à la seconde, & ce fut à l'exécution de ce terrible morceau qu'il dirigea ses plus profondes observations. Il étudia dans les monumens Antiques la coupe des pierres, & leur enchaînement; il en analysa toutes les espèces de voûtes & d'arcades; il examina l'arrangement des briques & la composition des liaisons : les plus petits détails ne lui parurent pas à négliger, parce que l'ouvrage qu'il méditoit devoit lui en offrir de toutes sortes. Par ses recherches & ses réflexions, il se fit des principes si solides, une théorie si étrangère à son siècle, & d'une pratique si sûre, qu'au milieu d'une assemblée d'Architectes appellés de toutes les parties de l'Europe pour délibérer sur les moyens d'achever le Temple de Sainte-Marie, il ne craignit pas d'avancer, que lui seul les connoissoit, & pouvoit réussir dans l'entreprise. On le railla quand on l'entendit proposer une Coupole d'un si grand diamètre; on ne le comprit pas, quand il dit qu'il en feroit deux l'une emboîtée dans l'autre, & laissant entre elles un grand vuide; mais

1377. Ce n'eſt point ici le lieu de m'étendre ſur la vie de cet homme illuſtre ; il ſuffit de remarquer ſes principaux talens, & l'uſage qu'il ſçut en faire ; uſage qui le diſtingue de tous ſes prédéceſſeurs , & met entre eux & lui une diſtance immenſe. Brunelleſchi avoit le génie qui perfectionne les Arts , & y fait de nouvelles découvertes ; génie qui n'imagine qu'en grand, apperçoit pluſieurs objets à la fois ſans les confondre , les ſaiſit tout d'un coup ſans efforts , s'allume à la vue des difficultés , les cherche même quelquefois, ſûr qu'il eſt d'en triompher. Il avoit outre cela cette ambition qui convient aux Artiſtes, celle de ſervir ſa patrie, & de s'immortaliſer par des ouvrages utiles.

Telle étoit la manière de bâtir dans le tems qu'il naquit, qu'on peut dire qu'il étoit né au milieu de la Barbarie ; quoiqu'elle touchât à ſa fin. Plus indépendant, plus obſervateur que les Architectes ſes Contemporains, il ne ſe laiſſa ni ſubjuguer par le goût règnant , ni ſéduire par les mauvais modèles quoiqu'accrédités. Son œil perça au-delà de ce qu'il voyoit de plus célèbre dans ſon pays & dans ſon fiècle. Avant lui, des milliers d'Artiftes avoient fans doute confidéré les reftes de l'ancienne Rome, mais ils n'y avoient apperçu que du marbre, de la pierre & de la brique. Ceux qui peut-être y avoient découvert quelque chofe de plus, n'avoient pas pris le feul moyen capable de leur rendre leurs découvertes utiles ; je veux dire le foin de mefurer les monumens Antiques, de combiner les rapports de chaque partie entr'elles, de comparer les hauteurs d'un entablement avec la longueur des colonnes, de faifir les formes, les vrais contours, la fuite des différentes moulures qui donne les beaux profils &c. petits objets en apparence, mais dont il réfulte tant de graces. Ils copioient, mais à l'œil, fans faire ufage de la règle & du compas. Sans bons principes de deffin, ils travailloient de pratique, fi je puis appliquer à l'Architecture un terme confacré pour la Peinture. Il arrivoit delà que leurs édifices, en retraçant les Ordres Grecs & Romains, n'en avoient ni l'exactitude, ni la légereté, ni l'élégance, ni l'harmonie. Brunellefchi fit ce qu'on n'avoit point fait jufqu'alors : il s'enfévelit dans les ruil'Architecture, il auroit eu du goût. En travaillant pour un Prince religieux & magnifique, pour la Capitale d'un grand Empire, pour des Citoyens souvent favorisés des secours les plus signalés de la Providence, vertueux lui-même & honorant son Art par sa probité, Anthémius auroit déployé tous ses talens, & construit à Constantinople un monument digne de Rome.

Fin de la première Partie.